プリント形式のリアル過去問で本番の臨場感！

静岡県

静岡サレジオ中学校

2025年春受験用

解答集

本書は，実物をなるべくそのままに，プリント形式で年度ごとに収録しています。
問題用紙を教科別に分けて使うことができるので，本番さながらの演習ができます。

■　収録内容

・解答集（この冊子です）

書籍ＩＤ番号，この問題集の使い方，最新年度実物データ，リアル過去問の活用，
解答例と解説，ご使用にあたってのお願い・ご注意，お問い合わせ

・2024（令和６）年度 ～ 2021（令和３）年度　学力検査問題

JN131861

○は収録あり	年度	'24	'23	'22	'21		
■ 問題(一般入試)※1		○	○	○	○		
■ 解答用紙※2		○	○	○	○		
■ 配点					※3		

算数に解説があります

※1…2022年度より英語の試験を実施
(2023年度と2022年度のリスニング音声・原稿は非公表，2024年度はリスニング原稿のみ収録)
※2…2022年度国語は書き込み式
※3…2021年度の配点は国語のみ公表
注)問題文等非掲載:2021年度国語の二

問題文の非掲載につきまして

著作権上の都合により，本書に収録している過去入試問題の本文の一部を掲載しておりません。ご不便をおかけし，誠に申し訳ございません。

本文の一部を掲載できなかったことによる国語の演習不足を補うため，論説文および小説文の演習問題のダウンロード付録があります。弊社ウェブサイトから書籍ＩＤ番号を入力してご利用ください。

なお，問題の量，形式，難易度などの傾向が，実際の入試問題と一致しない場合があります。

教英出版

■ 書籍ＩＤ番号

入試に役立つダウンロード付録や学校情報などを随時更新して掲載しています。
教英出版ウェブサイトの「ご購入者様のページ」画面で，書籍ＩＤ番号を入力してご利用ください。

書籍ＩＤ番号　108418

（有効期限：2025年9月30日まで）

【入試に役立つダウンロード付録】
「要点のまとめ(国語／算数)」
「課題作文演習」ほか

■ この問題集の使い方

年度ごとにプリント形式で収録しています。針を外して教科ごとに分けて使用します。①片側，②中央のどちらかでとじてありますので，下図を参考に，問題用紙と解答用紙に分けて準備をしましょう（解答用紙がない場合もあります)。

針を外すときは，けがをしないように十分注意してください。また，針を外すと紛失しやすくなりますので気をつけましょう。

① 片側でとじてあるもの

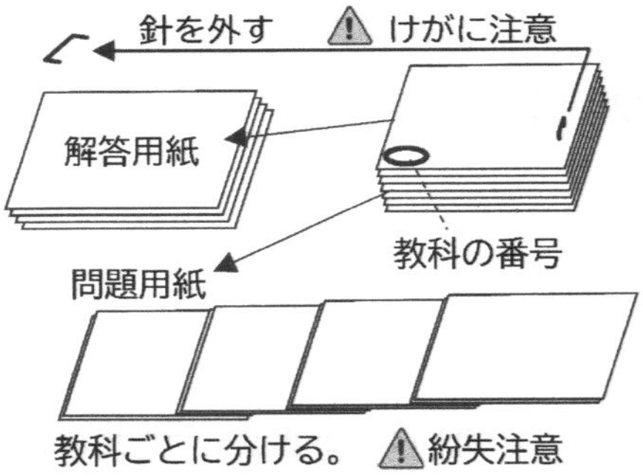

② 中央でとじてあるもの

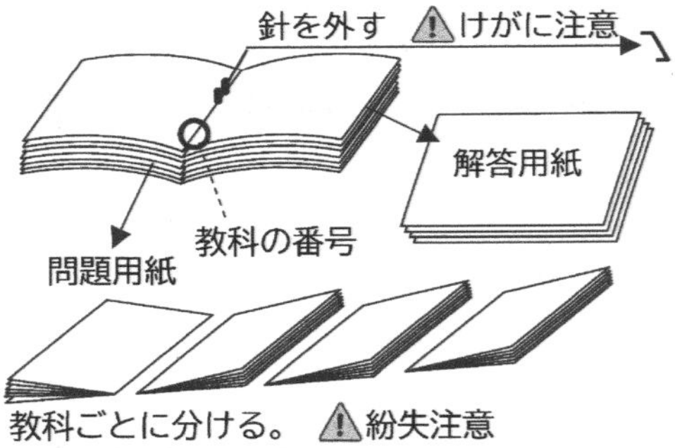

※教科数が上図と異なる場合があります。
解答用紙がない場合や，問題と一体になっている場合があります。
教科の番号は，教科ごとに分けるときの参考にしてください。

■ 最新年度 実物データ

実物をなるべくそのままに編集していますが，収録の都合上，実際の試験問題とは異なる場合があります。実物のサイズ，様式は右表で確認してください。

問題用紙	Ｂ４片面プリント
解答用紙	国・英：Ｂ４片面プリント 算：Ｂ４両面プリント

リアル過去問の活用

～リアル過去問なら入試本番で力を発揮することができる～

本番を体験しよう！

問題用紙の形式（縦向き／横向き），問題の配置や余白など，実物に近い紙面構成なので本番の臨場感が味わえます。まずはパラパラとめくって眺めてみてください。「これが志望校の入試問題なんだ！」と思えば入試に向けて気持ちが高まることでしょう。

入試を知ろう！

同じ教科の過去数年分の問題紙面を並べて，見比べてみましょう。

①　問題の量

毎年同じ大問数か，年によって違うのか，また全体の問題量はどのくらいか知っておきましょう。どのくらいのスピードで解けば時間内に終わるのか，大問ひとつにかけられる時間を計算してみましょう。

②　出題分野

よく出題されている分野とそうでない分野を見つけましょう。同じような問題が過去にも出題されていることに気がつくはずです。

③　出題順序

得意な分野が毎年同じ大問番号で出題されていると分かれば，本番で取りこぼさないように先回りして解答することができるでしょう。

④　解答方法

記述式か選択式か（マークシートか），見ておきましょう。記述式なら，単位まで書く必要があるかどうか，文字数はどのくらいかなど，細かいところまでチェックしておきましょう。計算過程を書く必要があるかどうかも重要です。

⑤　問題の難易度

必ず正解したい基本問題，条件や指示の読み間違いといったケアレスミスに気をつけたい問題，後回しにしたほうがいい問題などをチェックしておきましょう。

問題を解こう！

志望校の入試傾向をつかんだら，問題を何度も解いていきましょう。ほかにも問題文の独特な言いまわしや，その学校独自の答え方を発見できることもあるでしょう。オリンピックや環境問題など，話題になった出来事を毎年出題する学校だと分かれば，日頃のニュースの見かたも変わってきます。

こうして志望校の入試傾向を知り対策を立てることこそが，過去問を解く最大の理由なのです。

実力を知ろう！

過去問を解くにあたって，得点はそれほど重要ではありません。大切なのは，志望校の過去問演習を通して，苦手な教科，苦手な分野を知ることです。苦手な教科，分野が分かったら，教科書や参考書に戻って重点的に学習する時間をつくりましょう。今の自分の実力を知れば，入試本番までの勉強の道すじが見えてきます。

試験に慣れよう！

入試では時間配分も重要です。本番で時間が足りなくなってあわてないように，リアル過去問で実戦演習をして，時間配分や出題パターンに慣れておきましょう。教科ごとに気持ちを切り替える練習もしておきましょう。

心を整えよう！

入試は誰でも緊張するものです。入試前日になったら，演習をやり尽くしたリアル過去問の表紙を眺めてみましょう。問題の内容を見る必要はもうありません。どんな形式だったかな？受験番号や氏名はどこに書くのかな？…ほんの少し見ておくだけでも，志望校の入試に向けて心の準備が整うことでしょう。

そして入試本番では，見慣れた問題紙面が緊張した心を落ち着かせてくれるはずです。

※まれに入試形式を変更する学校もありますが，条件はほかの受験生も同じです。心を整えてあせらずに問題に取りかかりましょう。

静岡サレジオ中学校

《国　語》

一　①経歴　②博愛　③実績　④判明　⑤低迷

二　①つい　②せっかく　③きょよう　④はざくら　⑤ほんもう

三　①オ　②キ　③カ　④イ　⑤エ

四　［A／B］　①［ウ／オ］　②［ウ／オ］　③［ア／オ］　④［オ／イ］　⑤［×／オ］

五　問一．a．オ　b．ウ　問二．A．イ　B．ア　問三．エ　問四．そっけない
問五．フミはポニ～つづけた。　問六．ア　問七．ウ　問八．赤　問九．イ
問十．おねえちゃんという使い方に慣れて、自然に言えるようになってきたこと。

六　問一．A．ウ　B．オ　C．エ　D．イ　問二．ウ　問三．歯　問四．日本人　問五．義務教育で音声技術を習得した人とそうでない人が出会うこと　問六．エ　問七．以心伝心　問八．Ⅰ．キ　Ⅱ．オ
問九．イ，カ，コ　問十．私はこの意見に賛成だ。なぜならば、ますます国際化が進み、外国人とコミュニケーションをとる機会が増えてくるからだ。そのようなときに声の力が必ず必要になる。小さい声や無口な態度では相手に意思は伝わらない。だから日本でも、声の教育をすべきである。

《算　数》

1　①495　②365　③78　④30　⑤$\frac{7}{24}$　⑥$1\frac{4}{9}$　⑦4048
⑧24　⑨516　⑩20.24

2　①42人　②36秒　③38ページ　④約480人　⑤3倍

※3　(1)4000円　(2)225着　(3)120着

※4　(1)㋐40°　㋑140°　(2)40°　(3)20°

5　(1)右図　(2)ふゆげしき　※(3)右図

5(1)の図

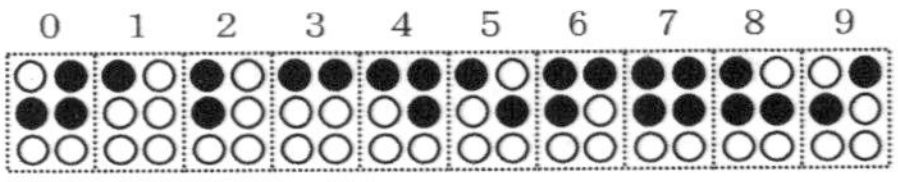

5(3)の図

※の考え方は解説を参照してください。

《英　語》

【リスニング】

1　(1)②　(2)③　(3)①　(4)①

2　(5)③　(6)③　(7)①　(8)②

3　(9)③　(10)④　(11)④　(12)①

【リーディング】

1　(1)①　(2)④　(3)④　(4)②　(5)②　(6)②　(7)①　(8)②　(9)②　(10)②　(11)④　(12)③

2　(13)③　(14)②　(15)①

3　(16)③　(17)③　(18)①　(19)②

1 ① 与式＝378＋117＝**495**　② 与式＝330＋35＝**365**

③ 与式＝141－63＝**78**　⑤ 与式＝$\frac{18}{24}+\frac{4}{24}-\frac{15}{24}=\frac{7}{24}$

⑥ 与式＝$\frac{11}{6}\times\frac{2}{11}\times\frac{13}{3}=\frac{13}{9}=1\frac{4}{9}$

⑦ 与式＝$2024\times4.3-(2024\times\frac{1}{4})\times9.2=2024\times4.3-2024\times2.3=2024\times(4.3-2.3)=2024\times2=4048$

⑧ 与式＝$26-24\times(\frac{1}{3}-\frac{1}{5})\div\frac{8}{5}=26-24\times(\frac{5}{15}-\frac{3}{15})\times\frac{5}{8}=26-24\times\frac{2}{15}\times\frac{5}{8}=26-2=24$

⑨ 与式より，(□－12)÷8＝99－36　□－12＝63×8　□＝504＋12＝**516**

⑩ 1 cm³＝1 mL，1 dL＝100mL だから，2024 cm³＝2024mL＝$(2024\times\frac{1}{100})$ dL＝**20.24dL**

2 ① **【解き方】男子と全体の人数の比は6：13だから，男子と女子の人数の比は6：(13－6)＝6：7となる。**

女子の人数は男子の人数の$\frac{7}{6}$倍だから，$36\times\frac{7}{6}=$**42(人)**である。

② **【解き方】右図のように，列車が走った道のりは鉄橋の長さと列車の長さの和だから，750＋150＝900(m)である。**

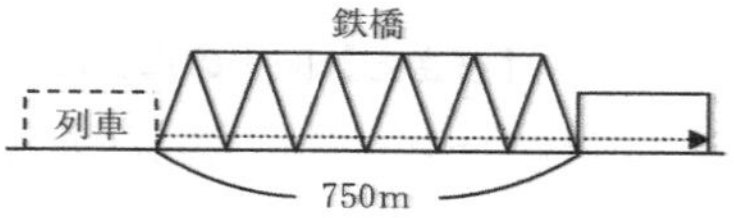

時速 90 km＝秒速(90×1000÷60÷60) m＝秒速 25m である。よって，

列車が鉄橋をわたり始めてからわたり終えるまでにかかる時間は，900÷25＝**36(秒)**

③ **【解き方】(平均)×(日数)＝(合計)となることを利用する。**

日曜日から金曜日までの6日間で読んだページ数の合計は17×6＝102(ページ)である。7日間で，1日平均20ページ読むと，合計で20×7＝140(ページ)読むことになるから，土曜日に140－102＝**38(ページ)**読めばよい。

④ **【解き方】人口密度とは，1km²あたりに住んでいる平均の人数のことである。**

静岡市の人口密度は，676500÷1410＝479.7…より，1 km²あたり**約480人**である。

⑤ **【解き方】図1，図2の円柱の体積を求めて比べる。**

図1の円柱の体積は，5×5×3.14×10＝250×3.14(cm³)

図2の円柱の体積は，10×10×3.14×10－250×3.14＝(1000－250)×3.14＝750×3.14(cm³)

よって，図2の円柱は図1の円柱の(750×3.14)÷(250×3.14)＝**3(倍)**である。

3 (1) **【解き方】(仕入れ値)×(1＋0.2)＝(仕入れ値)×1.2＝(定価)である。**

ユニフォームの仕入れ値は，4800÷1.2＝**4000(円)**

(2) 2日目に仕入れたユニフォームは初日の1.5倍だから，150×1.5＝**225(着)**

(3) **【解き方】定価で売ったときと，定価の3割引きで売ったときの利益を求め，つるかめ算を利用する。**

定価で売ったときの利益は4800－4000＝800(円)であり，定価の3割引きで売ると4800×(1－0.3)＝3360(円)となるから，利益は出ず，4000－3360＝640(円)の損失となる。3日間で売れたユニフォームは全部で150＋225＋150＝525(着)であり，これらがすべて定価で売れたとすると，利益は800×525＝420000(円)となり，実際よりも420000－52800＝367200(円)だけ多くなる。定価と定価の3割引きで売ったときの利益の差は，800＋640＝1440(円)だから，定価の3割引きで売ったユニフォームは，367200÷1440＝255(着)となるので，2日目に売れたユニフォームは225－(255－150)＝**120(着)**である。

4 (1) **【解き方】正n角形の1つの内角の大きさは，$\frac{180^\circ\times(n-2)}{n}$で求めることができる。**

角㋐は360°を9等分した角度だから，360÷9＝**40°**である。また，角㋑は正九角形の1つの内角の大きさだから，$\frac{180^\circ\times(9-2)}{9}=$**140°**である。

図ｉ
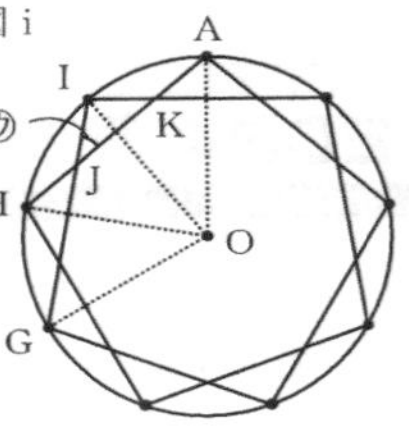

⑵　**【解き方】図ｉで，図の対称性より三角形ＩＪＫは二等辺三角形である。また，ＯＩ＝ＯＧより，三角形ＯＩＧも二等辺三角形であり，まずは角ＯＩＧを求める。**

⑴より，角ＧＯＩ＝40°×２＝80°だから，三角形ＯＩＧの内角の和より，

角ＯＩＧ＝(180°－80°)÷２＝50°

同様に，角ＫＩＯ＝50°だから，角ＫＩＪ＝50°×２＝100°

三角形ＩＪＫは二等辺三角形だから，内角の和より，角㋒＝(180°－100°)÷２＝**40°**

図ⅱ
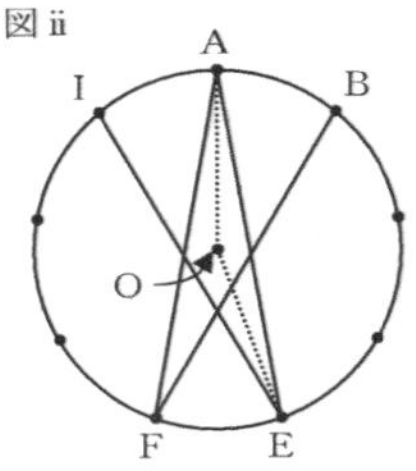

⑶　**【解き方】図ⅱの三角形ＯＥＡに注目する。**

ＯＡ＝ＯＥより，三角形ＯＥＡは二等辺三角形である。

角ＡＯＥ＝360°×$\frac{4}{9}$＝160°だから，内角の和より，角ＯＡＥ＝(180°－160°)÷２＝10°

同様に，角ＯＡＦ＝10°だから，角㋓＝角ＯＡＥ＋角ＯＡＦ＝10°＋10°＝**20°**

5　【解き方】例から母音は図ｉのように表されるとわかる。以下，例えば「あ」の点字を①，「え」の点字を①②④のように表す。

図ｉ
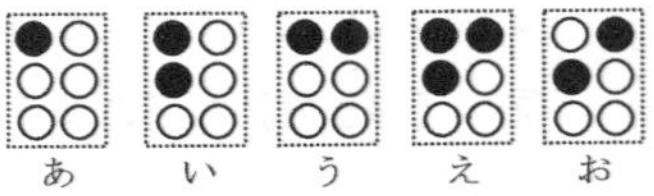

⑴　**【解き方】図ｉの母音に，子音を表す点を付け加えていく。**

「お」は図ｉより，②④である。

さ行は「さんすう」の「さ」，「す」を参考にすると，⑤⑥で表されるから，「せ」は①②④⑤⑥となる。

た行は「はつひので」の「つ」等を参考にすると，③⑤で表されるから，「ち」は①②③⑤となる。

⑵　**【解き方】図ｉをふまえつつ，例から子音が何であるかを読み取る。**

１文字目は母音が「う」であり，子音が③⑥で表され，「はつひので」の「は」と同じだから，「ふ」

２文字目は母音が図ｉに当てはまらない。例の中で同様の点字を探すと「ゆきだるま」の「ゆ」とわかる。

３文字目は濁音である。母音が「え」，子音が⑥で表され，「みかん」の「か」と同じだから，「げ」

４文字目は母音が「い」であり，子音が⑤⑥で表されるから，さ行なので，「し」

５文字目は母音が「い」であり，子音が⑥で表されるから，か行なので，「き」

以上より，点字が表す言葉は「**ふゆげしき**」である。

⑶　**【解き方】図ｉと「ゆきだるま」の「る」の点字から，ら行の点字は⑤で表される。よって，図ⅱのようになる。**

図ⅱ
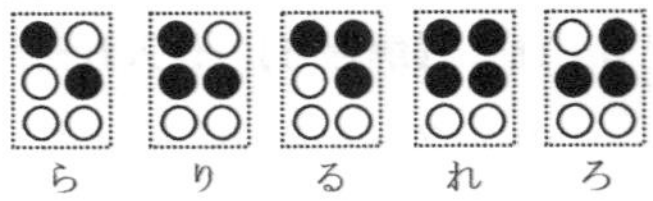

１つ目のヒントから，０～９までの10個の数字は，図ｉ，図ⅱの10個の点字で表される。２つ目のヒントより，ら行で表されるのは「０，４，５，７，８」，あ行で表されるのは「１，２，３，６，９」である。

３つ目のヒントより，２つの点で表され，ら行にあるのは５だけだから，「ら」が５である。また，３つの点で表され，あ行にあるのは６だけだから，「え」が６である。１つの点で表される「あ」，４つの点で表される「れ」はそれぞれ１か７のどちらかであり，あ行の「あ」が１，ら行の「れ」が７である。

４つ目のヒント前半より，①がないのは「お」と「ろ」だから，２つの点の「お」が９，３つの点の「ろ」が０である。４つ目のヒント後半より，４の点を使っていないのは「あ」，「い」，「ら」，「り」であり，残っている「い」と「り」が２または８である。よって，あ行の「い」が２，ら行の「り」が８である。この時点で残りの文字は「う」，「る」，残りの数字は３，４だから，２つの点の「う」が３，３つの点の「る」が４となる。

静岡サレジオ中学校

《国　語》

一　①健康　②飼育　③出版　④輸入　⑤招待

二　①かえり　②じゅもく　③こころよ　④きちょう　⑤そうさ

三　①イ　②オ　③エ　④キ　⑤ア

四　［主／述］　①［ウ／オ］　②［×／オ］　③［イ／オ］　④［オ／イ］　⑤［イ／オ］

五　問一．X．思いを　Y．話しては　問二．A．エ　B．イ　問三．a．目　b．耳　問四．イ
問五．相手を目の前にして、「言葉」を介して行うコミュニケーション。　問六．エ　問七．ウ
問八．言葉／身体／声　問九．エ　問十．言葉だけでは伝わらない微妙なニュアンスを伝えるため

六　問一．ア．止　イ．辞　問二．A．ア　B．イ　問三．ア　問四．ウ　問五．①国語　②同音異義
③蝗害　問六．Ⅰ．九　Ⅱ．六　Ⅲ．二　問七．イ　問八．エ　問九．きわめてすじの通った理由で怒っている子供たちをなだめること　問十．今回は、子供たちの好きにさせてあげたい。　問十一．(例文)小学一年生の夏休みに、朝顔の観察の宿題をやった。朝早く起きて、種ができるまでの成長の様子をイラストと文章でまとめた。ここから、早起きの習慣も身につき、生命の成長のすばらしさを学ぶことができた。

《算　数》

1　①459　②３　③19　④0.71　⑤１　⑥$\frac{1}{3}$　⑦4044　⑧０　⑨８　⑩112823

2　①24 cm　②８　③２，７　④29 通り　⑤24 cm²

※3　(1)午前９時 27 分 30 秒　(2)10 分間　(3)午前９時 40 分

4　(1)②，⑤　※(2)15　※(3)B，C，F，H，I

5　(1)ア．上／１　イ．右／１　(ア，イは順不同)　(2)右図

※(3)　◇印 → 返｜右 → ◇印 → 返｜下 → ◇印 → 返｜左 → ◇印

※の考え方は解説を参照してください。

《英　語》

【リスニング】

1～3　放送原稿非公表のため，解答例は掲載しておりません。

【リーディング】

1　(1)②　(2)①　(3)②　(4)②　(5)②　(6)③　(7)②　(8)③　(9)②　(10)③　(11)④　(12)③

2　(13)②　(14)③　(15)③

3　(16)②　(17)④　(18)②　(19)③

1 ① 与式＝1395－936＝**459**

② 与式＝$252\times\frac{1}{14}\times\frac{1}{6}$＝**3**

③ 与式＝$61+16\times9\times\frac{1}{6}-66=61+24-66=85-66=$**19**

④ 与式＝0.714…となるから小数第３位を四捨五入して，**0.71** となる。

⑤ 与式＝$\frac{11}{18}-\frac{8}{18}+\frac{15}{18}=\frac{3}{18}+\frac{15}{18}=$**1**

⑥ 与式＝$\frac{8}{9}\div\frac{8}{7}\div\frac{7}{3}=\frac{8}{9}\times\frac{7}{8}\times\frac{3}{7}=\frac{1}{3}$

⑦ 与式＝(2023－2021)×2022＝２×2022＝**4044**

⑧ 与式＝$18-14\div(\frac{1}{3}+\frac{1}{4})\times\frac{3}{4}=18-14\div(\frac{4}{12}+\frac{3}{12})\times\frac{3}{4}=18-14\times\frac{12}{7}\times\frac{3}{4}=18-18=$**0**

⑨ 与式より，４×{(62－□)÷３}＝89－17　　(62－□)÷３＝72÷４　　62－□＝18×３　　□＝62－54＝**8**

⑩ １日＝24 時間＝(24×60×60)秒　　７時間＝(７×60×60)秒　　20 分＝(20×60)秒

よって，□＝24×60×60＋７×60×60＋20×60＋23＝86400＋25200＋1200＋23＝**112823**

2 ① **【解き方】正方形の１辺の長さが 48 と 72 の最大公約数になればよい。**

```
4) 48  72
3) 12  18
2)  4   6
    2   3
```

２つの数の最大公約数を求めるときは，右の筆算のように割り切れる数で次々に割っていき，割った数をすべてかけあわせればよい。

よって，48 と 72 の最大公約数は４×３×２＝24 だから，正方形の１辺の長さは **24 ㎝**である。

② $\frac{1}{7}$＝１÷７＝0.14285714…より，小数部分は１，４，２，８，５，７の６つの数がくり返される。小数第 100 位は，100÷６＝16 あまり４より，１，４，２，８，５，７が 16 回くり返されたあとの４つ目の数だから，**8** である。

③ 山田さんの記録は 25m以上 30m未満に入る。25m以上 30m未満の人が６人，30m以上 35m未満の人が１人いるから，記録が長い方から数えると，**２番目から７番目**の間にいる。

④ **【解き方】10 円玉を４枚合わせても 50 円玉１枚分にならないが，50 円玉２枚で 100 円玉１枚分の金額を作れるので，１枚の 100 円玉を 50 円玉２枚に両替《りょうがえ》して，50 円玉が全部で３＋２＝５(枚)あると考える。**

50 円玉を使う枚数は０～５枚の６通り，10 円玉を使う枚数は０～４枚の５通りだから，枚数の組み合わせは全部で，６×５＝30(通り)できる。この中にはすべてが０枚の場合の０円がふくまれているので，できる金額は全部で，30－１＝**29(通り)**ある。

⑤ 斜線部分は，半径が６÷２＝３(㎝)の半円と半径が８÷２＝４(㎝)の半円と直角三角形をあわせた形から，半径が 10÷２＝５(㎝)の半円をのぞいた形だから，求める面積は，

３×３×3.14÷２＋４×４×3.14÷２＋６×８÷２－５×５×3.14÷２＝

(９＋16)×3.14÷２＋24－25×3.14÷２＝**24(㎠)**

3 (1) 姉は家から図書館まで 3000÷240＝12.5(分)かかった。

よって，求める時刻は，午前９時 15 分＋12.5 分＝午前９時 15 分＋12 分 30 秒＝**午前９時 27 分 30 秒**

(2) 姉が家を出てから家にもどるまでの時間は，９時 50 分－９時 15 分＝35(分間)　　行きと帰りにそれぞれ 12.5 分かかったから，図書館にいた時間は，35－12.5×２＝**10(分間)**

(3) 弟は家から図書館まで，3000÷60＝50(分)かかるから，午前９時 50 分に，姉は家に，弟は図書館に同時に着いたことがわかる。姉と弟は２回目にすれ違ってから，１分で 240＋60＝300(m)ずつはなれていき，午前９時 50

分に3000mはなれたから，２人がすれ違ったのは，3000÷300＝10(分前)の，**午前９時40分**である。

4　(1)　縦，横の各列に３段積まれたマスが少なくとも１マスあればよいから，どちらから見ても正方形(３マス×３マス)に見えるものは，**②**，**⑤**である。

3		
	3	
		3

3		
		3
	3	

	3	
3		
		3

		3
3		
	3	

	3	
		3
3		

		3
	3	
3		

(2)　右図のように，縦，横の各列に３段積まれたマスが１マスあり，その他のマスには１段ずつ積むと和は最も小さくなる。３段積むマスが３マス，１段積むマスが残りの６マスだから，求める和は，３×３＋１×６＝**15**である。

(3)　正面から見て左の列は１段だから，ＡとＤとＧに１段ずつ積まれ，正面と真横から見て真ん中の列が３段だから，Ｅには３段積まれていることがわかる。残りのマスは１段か２段積まれているが，どちらかはわからない。よって，箱の数が確定しないマスは，**Ｂ，Ｃ，Ｆ，Ｈ，Ｉ**である。

5　(1)　右図の矢印のように１cmずつ動かせばよいから，ア＝**上｜1**，イ＝**右｜1**
または，ア＝**右｜1**，イ＝**上｜1**

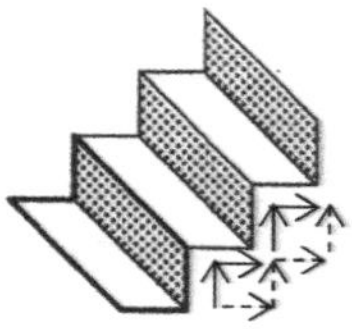

(2)　形は課題Ⅱと同じになるが，回転させるので，同じ色がとなりあわない。

(3)　右方向，下方向，左方向の順(または，下方向，右方向，上方向の順)に裏返していけばよいから，命令②を使う，返｜右→印→返｜下→印→返｜左→印
(返｜下→印→返｜右→印→返｜上→印)や，回転と裏返しを組み合わせた，
回｜180→印→返｜左→印→回｜180→印などがある。

静岡サレジオ中学校

《国　語》

【一】問一．①伝統　②模様　③貧しい　④暮らし　⑤夢　⑥礼　⑦熱く　⑧説く　⑨見当　⑩郷里　⑪支持　⑫○　　問二．A．雲　B．目　C．曲げ　D．口　　問三．手ぬぐいはだれにとっても必需品だ。／だから、安くてどこにもない絞り染めの手ぬぐいならばきっと売れるはずだ。／しかも、みやげ物であればかさばらず、客にも喜ばれることだろう。　　問四．庄九郎は菊一に絞り染めのやり方を繰り返し、こと細かに教えてもらった。　　問五．浮かぶようになった　　問六．入手は

【二】問一．a．ウ　b．オ　c．ケ　d．カ　　問二．①イ　②ウ　③ア　④エ　　問三．エ　　問四．内戦やレアメタル採掘の影響で棲みかがなくなってきている／ブッシュ・ミート取引の／エボラ出血熱という病気の流行の　問五．はじめ…訓練された　終わり…埋めます。　　問六．自然の中で行動すると、危険を避けるために、都会生活ではあまり使わない五感が目覚め、働きはじめるから。　　問七．①アフリカの国々の人が、貴重な自然と上手につきあい、生きる知恵を持っている。　②文明国と呼ばれる世界にくらす人々が、経済的な豊かさを持っている。　　問八．イ　　問九．ウ

【三】問一．b．a　j．i　k．h　　問二．チュアンチャイの父親が、彼女と母親をおいていなくなった状態。　問三．調味料　　問四．イ　　問五．エ　　問六．チュアンチャイの斜め前に立っている女性が子供に対して、自分がチュアンチャイの前には立ちたくなかったから、本当は十分な空間があるのに、自分の子供にこれ以上前には行けないと嘘をついた。　　問七．エ　　問八．(例文)「深澄ははっきりと意識した。はじかれているんだ」「はじかれているのはチュアンチャイなのか自分なのか、もうわからなかった」など、深澄が主体としてえがかれているので、この物語の中心人物は深澄だと思う。

《算　数》

1　①299　②81　③34　④0.6　⑤$\frac{1}{2}$　⑥$\frac{1}{8}$　⑦10110　⑧20　⑨1　⑩54

2　①195　②25%引き　③77.2点　④6つ　⑤97°

※3　(1)46番目　(2)$\frac{9}{14}$　(3)27個

4　(1)A，C，E，G，H　(2)立体は合同な正方形が6面集まってできている。正方形6つの頂点の数は「4×6」である。(図1)
この6つの正方形を組み立てて立方体にすると，1つの頂点に3つの正方形が集まっていることがわかる。つまり，3つの頂点が重なって，1つの頂点になっている。(図2)
そのため，「÷3」をすることで立方体の頂点の数を求めることができる。

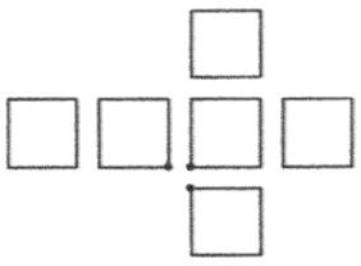
図1

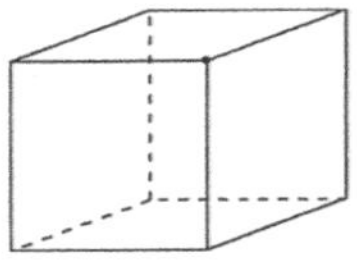
図2

※(3)90

※5　(1)500円　(2)1400円　(3)A，100

※の考え方は解説を参照してください。

《英　語》

【リスニング】

1～3　リスニング問題省略

【リーディング】

1　(1)①　(2)②　(3)④　(4)①　(5)②　(6)③　(7)④　(8)②　(9)③　(10)②　(11)④　(12)③

2　(13)③　(14)①　(15)④

3　(16)①　(17)④　(18)②　(19)②

←解答例は前のページにありますので，そちらをご覧ください。

1 ① 与式=937−(486+152)=937−638=299

② 与式=9×9=81

③ 与式=36−7+5=34

④ 小数第1位までのがい数で答えるので，小数第2位まで求めると，0.7÷1.2=0.58…より，0.6である。

⑤ 与式=$\frac{10}{30}+\frac{14}{30}-\frac{9}{30}=\frac{15}{30}=\frac{1}{2}$

⑥ 与式=$\frac{5}{12}\times\frac{1}{3}\div\frac{10}{9}=\frac{5}{12}\times\frac{1}{3}\times\frac{9}{10}=\frac{1}{8}$

⑦ 与式=2022×2.7+1011×2×2.3=2022×(2.7+2.3)=2022×5=10110

⑧ 与式=$85\div(\frac{20}{5}-\frac{3}{5})-\{8\times(\frac{1}{8}+\frac{4}{8})\}=85\div\frac{17}{5}-(8\times\frac{5}{8})=85\times\frac{5}{17}-5=25-5=20$

⑨ 与式より，$\frac{1}{2}+\square=\frac{1}{4}\times 6$　$\frac{1}{2}+\square=\frac{3}{2}$　$\square=\frac{3}{2}-\frac{1}{2}=\frac{2}{2}=1$

⑩ 1時間=3600秒，1m=$\frac{1}{1000}$kmより，秒速15m=時速$(15\times 3600\times\frac{1}{1000})$km=時速54km

2 ① **【解き方】6でわっても8でわっても3あまる数は，6と8の公倍数より3大きい数である。200に一番近いとあるので，200前後の6と8の公倍数より3大きい数を調べる。**

公倍数は最小公倍数の倍数である。6と8の最小公倍数は24だから，200前後の24の倍数を調べると，200÷24=8あまり8より，200−8=192，192+24=216がある。この2数にそれぞれ3を加えると，192+3=195，216+3=219になるから，求める数は195である。

② 割引されたのは1200−900=300(円)だから，$\frac{300}{1200}\times 100=25$(%)引きである。

③ **【解き方】(平均点)×(人数)=(合計点)を考える。**

4人の合計点は76×4=304(点)だから，5人の平均点は，(304+82)÷5=77.2(点)

④ **【解き方】百の位と一の位の数字の組み合わせを数える。**

(百の位，一の位)の組み合わせは，(1，3)(1，4)(3，1)(3，4)(4，1)(4，3)の6通りあるから，十の位が2になる整数は6個できる。

⑤ **【解き方】三角形の外角の性質を利用して解く。右図のように記号をおく。**

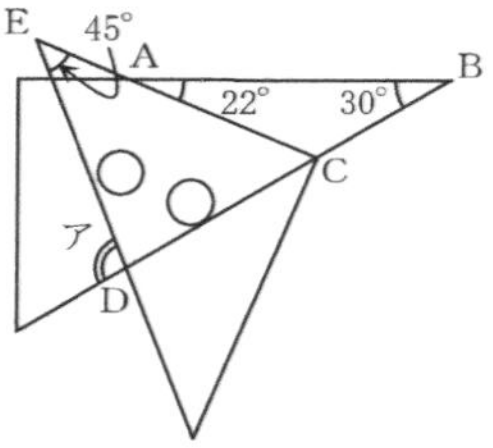

三角定規の角より，角E=45°，角B=30°である。

三角形ABCにおいて，角ACD=22°+30°=52°

三角形EDCにおいて，角ア=45°+52°=97°

3 (1) **【解き方】$\frac{1}{1}$ | $\frac{1}{2}$，$\frac{2}{2}$ | $\frac{1}{3}$，$\frac{2}{3}$，$\frac{3}{3}$ | $\frac{1}{4}$，$\frac{2}{4}$，$\frac{3}{4}$，$\frac{4}{4}$ | $\frac{1}{5}$，$\frac{2}{5}$，$\frac{3}{5}$，…のように分け，第1群，第2群，第3群，…とする。第n群には分母がnで分子が1～nの分数がn個並んでいる。**

$\frac{1}{10}$は，第10群の先頭である。第1群から第9群までには，1+2+3+…+9=45(個)の分数があるから，$\frac{1}{10}$ははじめから数えて46番目の分数である。

(2) **【解き方】(1)の考え方をふまえる。**

(1)より，第10群までの分数の個数は45+10=55(個)，第11群までは55+11=66(個)，第12群までは66+12=78(個)，第13群までは78+13=91(個)だから，はじめから数えて100番目は，第14群の100−91=9(番目)とわかる。第14群の分母は14だから，9番目は$\frac{9}{14}$である。

(3)　【解き方】$\frac{1}{2}$と等しい大きさの分数は，$\frac{2}{4}$，$\frac{3}{6}$，…のように分母と分子に同じ数をかけていく。

$\frac{1}{2}$は分子が１の分数の中で最も大きく，$\frac{9}{14}$は$\frac{1}{2}$より大きいから，分母だけに注目していく。

$\frac{1}{2}$と同じ分数は，第 14 群までに 14÷２＝７(個)ある。同じように考えると，14÷３＝４あまり２より，$\frac{1}{3}$と同じ分数は４個，14÷４＝３あまり２より，$\frac{1}{4}$と同じ分数は３個，14÷５＝２あまり４より，$\frac{1}{5}$と同じ分数は２個，14÷６＝２あまり２より，$\frac{1}{6}$と同じ分数は２個ある。$\frac{1}{7}$と同じ分数は 14÷７＝２(個)ある。$\frac{1}{8}$から$\frac{1}{14}$までの７種類の分数は１個ずつあるから，全部で７＋４＋３＋２＋２＋２＋７＝27(個)

4　(1)　【解き方】立方体は１つの頂点に３つの面が集まっているから，３つの面が集まった頂点は切り開く辺を変えて，面を移動することができる。

基本的にＡ，Ｃ，Ｈのように，４つの正方形が１列に並び，その４つの正方形の両側に１つずつの正方形が並んだ図形は，立方体の展開図になる。

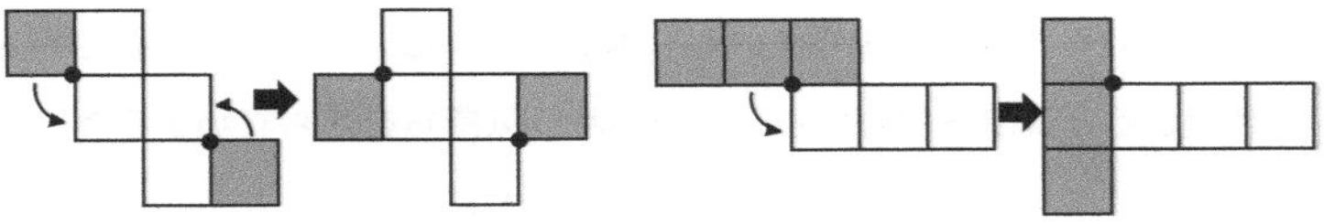

ＥとＧについては，右図のように色をつけた面を，●を支点として回転させると，Ａ，Ｃ，Ｈと同じような展開図になることから，確認できる。

(2)　(１つの面の頂点の個数)×(面の数)÷(１つの頂点に集まる面の数)で，頂点の数を求めることができる。

(3)　【解き方】(2)と同じように考える。

正五角形 12 個と正六角形 20 個の辺を全部足すと，５×12＋６×20＝180(本)になる。１つの辺は必ず２つの図形の辺として数えられるから，サッカーボールの辺の数は，180÷２＝90(本)

5　(1)　【解き方】コインパーキングＡに 16 時から２時間 10 分，車を停めるとき，30 分／100 円の割合で料金がかかる。

２時間 10 分＝130 分間だと，150 分間停めたときと同じ料金がかかり，$100\times\frac{150}{30}=500$(円)になる。

(2)　【解き方】コインパーキングＢに８時 55 分から 13 時 32 分までは，40 分／200 円の割合で料金がかかる。

８時 55 分から 13 時 32 分までの４時間 37 分＝277 分間は，280 分間停めたときと同じ料金がかかり，$200\times\frac{280}{40}=1400$(円)になる。

(3)　【解き方】コインパーキングＡとＢの両方に停めた場合の料金を計算する。また，駐車時間帯は７時 10 分から 19 時 40 分までになる。

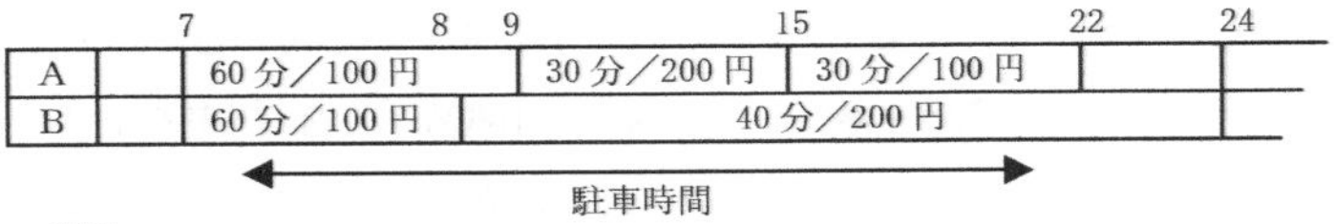

コインパーキングＡに停めた場合

９時までは，60 分／100 円の割合で２時間停めたときと同じ料金だから，$100\times\frac{120}{60}=200$(円)

９時から 15 時までの６時間＝360 分は 30 分／200 円の割合だから，$200\times\frac{360}{30}=2400$(円)

15 時から 19 時 40 分までの４時間 40 分＝280 分間については，30 分／100 円の割合で，300 分間停めたときと同じ料金だから，$100\times\frac{300}{30}=1000$(円)　　よって，コインパーキングＡを使うと，200＋2400＋1000＝3600(円)

コインパーキングＢに停めた場合

８時までの１時間＝60 分は，60 分／100 円の割合で料金がかかるから，100 円

８時から 19 時 40 分までの 11 時間 40 分＝700 分間は，40 分／200 円の割合で，720 分間停めたときと同じ料金だから，$200\times\frac{720}{40}=3600$(円)　　よって，コインパーキングＢを使うと，100＋3600＝3700(円)

したがって，コインパーキングＡに停めた方が，3700－3600＝100(円)安い。

静岡サレジオ中学校

《国　語》

一　１．苦手／不得手／不得意 などから１つ　２．歯　３．のれんにうでおし／ぬかにくぎ／とうふにかすがい などから１つ　４．①績　②帳　③解　④○　⑤構　⑥○　５．⑦越し　⑧準備　⑨防寒　６．見上げ　７．主語…ぼくは　述語…つないだ　８．たき火の向こう側にある社務所で、兄はおみくじを買い、父は神子の売り子さんに破魔矢を頼んだ。　９．父は学業成就のお守りを買ってやると言ってくれた。しかし、ぼくはそれがなくても大じょう夫な気がして、いらないと言った。　10．(例文)その道にすぐれた者でも、時には失敗することがあるという意味の『さるも木から落ちる』ということわざがあるんだよ。自信があってもつねに実力がはっきできるとは限らないから、受験の時、気持ちを落ち着かせるためにお守りを持っていなさい。

二　１．A．イ　D．ア　２．イ　３．B．イ　C．ウ　４．イ　５．君平の喜ぶ姿を期待し、うきうきする気持ち。　６．エ　７．君平は日用品を期待していたのに、母親のマキが持ってきたのは万華鏡という見当違いな土産物だったから。　８．たった一度　９．ア　10．エ

三　１．a．イ　b．ウ　２．エ　３．オ　４．人間と自然とが対等な関係で交流することができるから。　５．X．エ　Y．ア　６．どのドングリも他と比較して優れているわけではないが、それぞれが他とちがうそのドングリにしかない固有の価値を認め合うことを大切にしたい

《算　数》

1　①810　②80　③16　④1.8　⑤$\frac{13}{60}$　⑥$2\frac{6}{11}$　⑦$1\frac{2}{3}$　⑧7.95　⑨3　⑩45000

2　①100 個　②2560 円　③426　④84 点　⑤925.6 ㎤

※3　(1)960m　(2)午前８時 20 分　(3)分速 240m

4　(1)D　(2)右図　※(3)72 ㎠

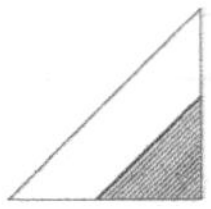

5　(1)日本全国の茶畑の面積を 100%としているので，100－(39＋21＋７)＝100－67＝33(%)から，残りの茶畑の面積ではＳ県の 39%をこえないため，やすおさんが示している３つの県のデータだけで，Ｓ県の茶畑の面積が日本一広いと言える。　※(2)Ｓ県…41%　Ｋ県…166%　(3)『(売り上げ)＝(お茶の値段)×(お茶の生産量)』からＳ県の売り上げが一番高かった 1985 年のお茶の値段は，１トンあたり約 162 万円である。それに対して，2020 年のＳ県のお茶の値段は，１トンあたり約 92 万円である。よって，Ｓ県の１トンあたりのお茶の値段が安くなっているので，売り上げが減っており，それにともなって，生産量も減っていると考えられる。

※の考え方は解説を参照してください。

【算数の解説】

1　①　与式＝971－161＝810

②　与式＝23＋57＝80

③　与式＝18－８÷４＝18－２＝16

④　与式＝1.75…より，小数第二位を四捨五入して，1.8 となる。

⑤　与式＝$\frac{1}{6}+\frac{3}{4}-\frac{7}{10}=\frac{10}{60}+\frac{45}{60}-\frac{42}{60}=\frac{13}{60}$

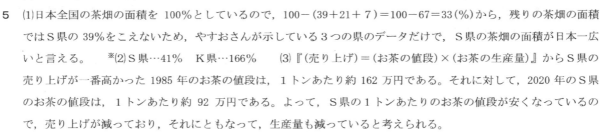

⑥　与式$=\frac{7}{6}\div(\frac{21}{24}-\frac{10}{24})=\frac{7}{6}\div\frac{11}{24}=\frac{7}{6}\times\frac{24}{11}=\frac{28}{11}=2\frac{6}{11}$

⑦　与式$=\frac{15}{7}\times(\frac{28}{9}-\frac{7}{3})=\frac{15}{7}\times(\frac{28}{9}-\frac{21}{9})=\frac{15}{7}\times\frac{7}{9}=\frac{5}{3}=1\frac{2}{3}$

⑧　与式＝1.5×0.5×9.8＋1.5×0.4＝1.5×(4.9＋0.4)＝1.5×5.3＝7.95

⑨　与式より，$1\frac{□}{8}=2\frac{5}{24}-\frac{5}{6}=\frac{53}{24}-\frac{20}{24}=\frac{33}{24}=\frac{11}{8}=1\frac{3}{8}$だから，□＝3である。

⑩　1aは1辺が10mの正方形の面積だから，1a＝10m×10m＝100m^2であり，1haは1辺が100mの正方形の面積だから，1ha＝100m×100m＝10000㎡である。よって，与式より，□㎡＋(500×100)㎡＝(9.5×10000)㎡
□㎡＝95000㎡－50000㎡＝45000㎡　　したがって，□＝45000である。

2　(1)　1から99までの整数のうち，9の倍数は99÷9＝11(個)ある。また，1から999までの整数のうち，9の倍数は999÷9＝111(個)あるから，3けた(100から999)の整数のうち，9の倍数は111－11＝100(個)ある。

(2)　姉の出した金額とプレゼントの代金(姉と妹が出した金額の和)の比は，5：(5＋3)＝5：8だから，プレゼントの代金は，$1600\times\frac{8}{5}=2560$(円)である。

(3)　作れる3けたの整数のうち，百の位の数が2となる数は，204，206，240，246，260，264の6通りある。百の位の数が4となる数は，小さい順に，402，406，420，426，…となるから，求める整数は，426である。

(4)　3回までのテストの合計点は，72×3＝216(点)である。4回までのテストで，合計点が75×4＝300(点)になればよいので，4回目のテストで300－216＝84(点)を取ればよい。

(5)　**【解き方】上から見た図を，右図のように4つのおうぎ形と4つの長方形にわける。4つのおうぎ形をあわせると，半径が2cmの円となる。**

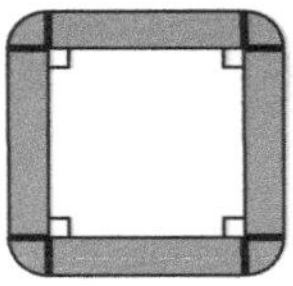

底面の面積は，半径が2cmの円の面積と，2cm×10cmの長方形の面積4つ分だから，
2×2×3.14＋(2×10)×4＝12.56＋80＝92.56(㎠)
よって，求める体積は，92.56×10＝925.6(㎤)

3　(1)　80×12＝960(m)

(2)　(1)より，A君は960m進んでから家に戻《もど》ったので，忘れ物に気づいてから家に戻るまでに960÷120＝8(分)かかった。よって，求める時刻は，午前8時＋12分＋8分＝午前8時20分である。

(3)　**【解き方】忘れ物を見つけて出発した時刻は午前8時20分＋4分＝午前8時24分で，公園に着いたのは午前8時30分－1分＝午前8時29分である。**
自転車をこいだのは午前8時29分－午前8時24分＝5分間だから，求める速さは，分速(1200÷5)m＝分速240m

4　(1)　折った折り紙を，折った順とは逆の順に広げていくと，右図のようになる。

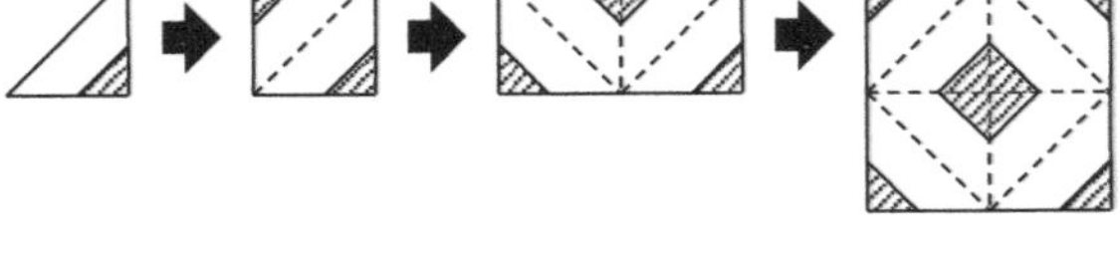

(2)　折った折り紙㋑を，【図1】とは逆の順に広げていくと，図Ⅰのようになる。
この広げた折り紙を，【図2】と同じように折っていくと，図Ⅱのようになる。

図Ⅰ

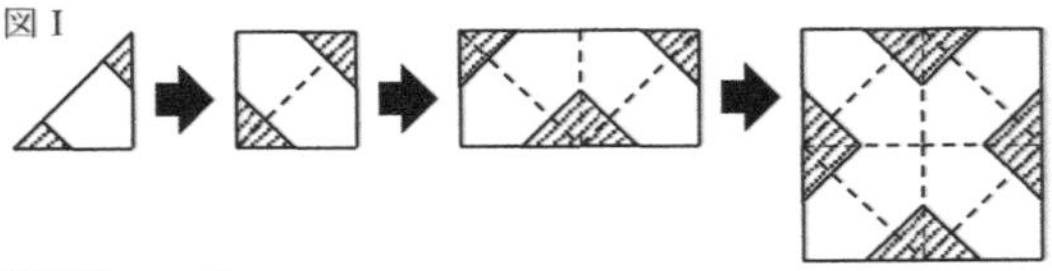

図Ⅱ

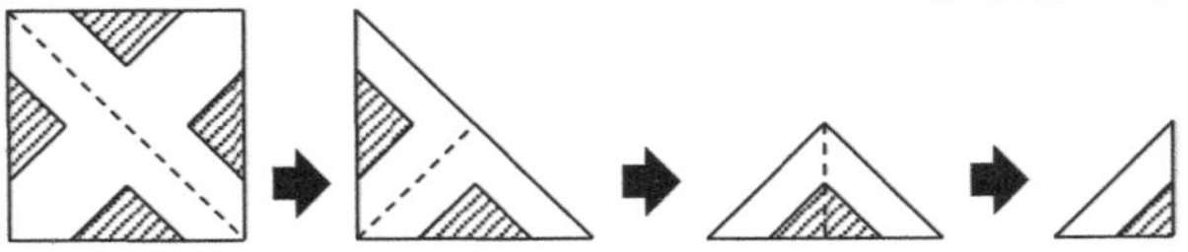

(3)　**【解き方】【図2】と同じように折ると，何回折ってもできる図形は直角二等辺三角形である。また，1回折ると2枚，2回折ると2×2＝4(枚)，3回折ると4×2＝8(枚)，**

…と重なる直角二等辺三角形が増えていく。このことから，(もとの正方形の面積)－(切り落とした面積)で求める。

もとの正方形の面積は，12×12＝144(㎠)

６回折ったとき，重なる直角二等辺三角形は２×２×２×２×２×２＝64(枚)である。そのうち，１枚あたりのしゃ線部分の面積は，1.5×1.5÷２＝$\frac{3}{2}$×$\frac{3}{2}$×$\frac{1}{2}$＝$\frac{9}{8}$(㎠)だから，切り落とした面積は，$\frac{9}{8}$×64＝72(㎠)

したがって，求める面積は，144－72＝72(㎠)

5　⑴　３県のデータから，残りの茶畑の面積の割合が出せるので，解答例のように説明できる。

⑵　**【解き方】2020 年の 30 年前は 2020－30＝1990(年)なので，それぞれの県の割合(％)は，**

$\frac{\text{(2020年のお茶の売り上げ)}}{\text{(1990年のお茶の売り上げ)}}$×100 で求められる。

Ｓ県は，$\frac{308}{746}$×100＝41.2…より 41％，Ｋ県は，$\frac{290}{175}$×100＝165.7…より 166％である。

⑶　(売り上げ)＝(お茶の値段)×(お茶の生産量)だから，(お茶の値段)＝(売り上げ)÷(お茶の生産量)で求められる。1985 年のＳ県について，売り上げが 778 億円＝7780000 万円，お茶の生産量が 48000 トンだから，１トンあたりのお茶の値段は，7780000÷48000＝162.0…より，約 162 万円とわかる。同様に，2020 年も計算できる。

■ ご使用にあたってのお願い・ご注意

（1）問題文等の非掲載

著作権上の都合により，問題文や図表などの一部を掲載できない場合があります。

誠に申し訳ございませんが，ご了承くださいますようお願いいたします。

（2）過去問における時事性

過去問題集は，学習指導要領の改訂や社会状況の変化，新たな発見などにより，現在とは異なる表記や解説になっている場合があります。過去問の特性上，出題当時のままで出版していますので，あらかじめご了承ください。

（3）配点

学校等から配点が公表されている場合は，記載しています。公表されていない場合は，記載していません。

独自の予想配点は，出題者の意図と異なる場合があり，お客様が学習するうえで誤った判断をしてしまう恐れがあるため記載していません。

（4）無断複製等の禁止

購入された個人のお客様が，ご家庭でご自身またはご家族の学習のためにコピーをすることは可能ですが，それ以外の目的でコピー，スキャン，転載（ブログ，ＳＮＳなどでの公開を含みます）などをすることは法律により禁止されています。学校や学習塾などで，児童生徒のためにコピーをして使用することも法律により禁止されています。

ご不明な点や，違法な疑いのある行為を確認された場合は，弊社までご連絡ください。

（5）けがに注意

この問題集は針を外して使用します。針を外すときは，けがをしないように注意してください。また，表紙カバーや問題用紙の端で手指を傷つけないように十分注意してください。

（6）正誤

制作には万全を期しておりますが，万が一誤りなどがございましたら，弊社までご連絡ください。

なお，誤りが判明した場合は，弊社ウェブサイトの「ご購入者様のページ」に掲載しておりますので，そちらもご確認ください。

■ お問い合わせ

解答例，解説，印刷，製本など，問題集発行におけるすべての責任は弊社にあります。

ご不明な点がございましたら，弊社ウェブサイトの「お問い合わせ」フォームよりご連絡ください。迅速に対応いたしますが，営業日の都合で回答に数日を要する場合があります。

ご入力いただいたメールアドレス宛に自動返信メールをお送りしています。自動返信メールが届かない場合は，「よくある質問」の「メールの問い合わせに対し返信がありません。」の項目をご確認ください。

また弊社営業日（平日）は，午前９時から午後５時まで，電話でのお問い合わせも受け付けています。

2025 春

株式会社教英出版

〒422-8054　静岡県静岡市駿河区南安倍３丁目 12-28

TEL　054-288-2131　　FAX　054-288-2133

URL　https://kyoei-syuppan.net/

MAIL　siteform@kyoei-syuppan.net

教英出版

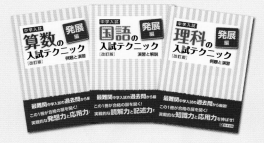

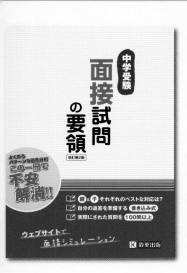

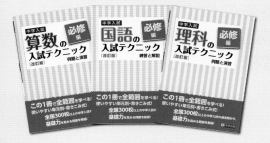

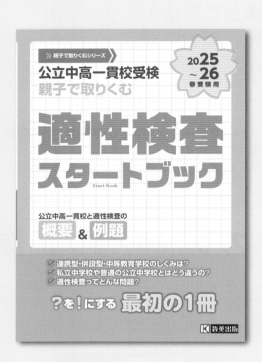

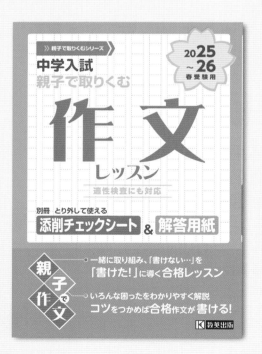

神奈川県

①[県立]
- 相模原中等教育学校
- 平塚中等教育学校

②[市立]南高等学校附属中学校
③[市立]横浜サイエンスフロンティア高等学校附属中学校
④[市立]川崎高等学校附属中学校
✿⑤聖光学院中学校
✿⑥浅野中学校
⑦洗足学園中学校
⑧法政大学第二中学校
⑨逗子開成中学校（1次）
⑩逗子開成中学校（2·3次）
⑪神奈川大学附属中学校（第1回）
⑫神奈川大学附属中学校（第2·3回）
⑬栄光学園中学校
⑭フェリス女学院中学校

新潟県

①[県立]
- 村上中等教育学校
- 柏崎翔洋中等教育学校
- 燕中等教育学校
- 津南中等教育学校
- 直江津中等教育学校
- 佐渡中等教育学校

②[市立]高志中等教育学校
③新潟第一中学校
④新潟明訓中学校

石川県

①[県立]金沢錦丘中学校
②星稜中学校

福井県

①[県立]高志中学校

山梨県

①山梨英和中学校
②山梨学院中学校
③駿台甲府中学校

長野県

①[県立]
- 屋代高等学校附属中学校
- 諏訪清陵高等学校附属中学校

②[市立]長野中学校

岐阜県

①岐阜東中学校
②鶯谷中学校
③岐阜聖徳学園大学附属中学校

静岡県

①[国立]静岡大学教育学部附属中学校（静岡·島田·浜松）
②
- [県立]清水南高等学校中等部
- [県立]浜松西高等学校中等部
- [市立]沼津高等学校中等部

③不二聖心女子学院中学校
④日本大学三島中学校
⑤加藤学園暁秀中学校
⑥星陵中学校
⑦東海大学付属静岡翔洋高等学校中等部
⑧静岡サレジオ中学校
⑨静岡英和女学院中学校
⑩静岡雙葉中学校
⑪静岡聖光学院中学校
⑫静岡学園中学校
⑬静岡大成中学校
⑭城南静岡中学校
⑮静岡北中学校
⑯
- 常葉大学附属常葉中学校
- 常葉大学附属橘中学校
- 常葉大学附属菊川中学校

⑰藤枝明誠中学校
⑱浜松開誠館中学校
⑲静岡県西遠女子学園中学校
⑳浜松日体中学校
㉑浜松学芸中学校

愛知県

①[国立]愛知教育大学附属名古屋中学校
②愛知淑徳中学校
③
- 名古屋経済大学市邨中学校
- 名古屋経済大学高蔵中学校

④金城学院中学校
⑤椙山女学園中学校
⑥東海中学校
⑦南山中学校男子部
⑧南山中学校女子部
⑨聖霊中学校
⑩滝中学校
⑪名古屋中学校
⑫大成中学校
⑬愛知中学校
⑭星城中学校
⑮名古屋葵大学中学校
（名古屋女子大学中学校）
⑯愛知工業大学名電中学校
⑰海陽中等教育学校（特別給費生）
⑱海陽中等教育学校（I·II）
⑲中部大学春日丘中学校
新刊⑳名古屋国際中学校

三重県

①[国立]三重大学教育学部附属中学校
②暁中学校
③海星中学校
④四日市メリノール学院中学校
⑤高田中学校
⑥セントヨゼフ女子学園中学校
⑦三重中学校
⑧皇學館中学校
⑨鈴鹿中等教育学校
⑩津田学園中学校

滋賀県

①[国立]滋賀大学教育学部附属中学校
②[県立]
- 河瀬中学校
- 守山中学校
- 水口東中学校

京都府

①[国立]京都教育大学附属桃山中学校
②[府立]洛北高等学校附属中学校
③[府立]園部高等学校附属中学校
④[府立]福知山高等学校附属中学校
⑤[府立]南陽高等学校附属中学校
⑥[市立]西京高等学校附属中学校
⑦同志社中学校
⑧洛星中学校
⑨洛南高等学校附属中学校
⑩立命館中学校
⑪同志社国際中学校
⑫同志社女子中学校（前期日程）
⑬同志社女子中学校（後期日程）

大阪府

①[国立]大阪教育大学附属天王寺中学校
②[国立]大阪教育大学附属平野中学校
③[国立]大阪教育大学附属池田中学校

④[府立]富田林中学校

⑤[府立]咲くやこの花中学校

⑥[府立]水都国際中学校

⑦清風中学校

⑧高槻中学校（A日程）

⑨高槻中学校（B日程）

⑩明星中学校

⑪大阪女学院中学校

⑫大谷中学校

⑬四天王寺中学校

⑭帝塚山学院中学校

⑮大阪国際中学校

⑯大阪桐蔭中学校

⑰開明中学校

⑱関西大学第一中学校

⑲近畿大学附属中学校

⑳金蘭千里中学校

㉑金光八尾中学校

㉒清風南海中学校

㉓帝塚山学院泉ヶ丘中学校

㉔同志社香里中学校

㉕初芝立命館中学校

㉖関西大学中等部

㉗大阪星光学院中学校

兵庫県

①[国立]神戸大学附属中等教育学校

②[県立]兵庫県立大学附属中学校

③雲雀丘学園中学校

④関西学院中学部

⑤神戸女学院中学部

⑥甲陽学院中学校

⑦甲南中学校

⑧甲南女子中学校

⑨灘中学校

⑩親和中学校

⑪神戸海星女子学院中学校

⑫滝川中学校

⑬啓明学院中学校

⑭三田学園中学校

⑮淳心学院中学校

⑯仁川学院中学校

⑰六甲学院中学校

⑱須磨学園中学校（第1回入試）

⑲須磨学園中学校（第2回入試）

⑳須磨学園中学校（第3回入試）

㉑白陵中学校

㉒夙川中学校

奈良県

①[国立]奈良女子大学附属中等教育学校

②[国立]奈良教育大学附属中学校

③[県立]
- 国際中学校
- 青翔中学校

④[市立]一条高等学校附属中学校

⑤帝塚山中学校

⑥東大寺学園中学校

⑦奈良学園中学校

⑧西大和学園中学校

和歌山県

①[県立]
- 古佐田丘中学校
- 向陽中学校
- 桐蔭中学校
- 日高高等学校附属中学校
- 田辺中学校

②智辯学園和歌山中学校

③近畿大学附属和歌山中学校

④開智中学校

岡山県

①[県立]岡山操山中学校

②[県立]倉敷天城中学校

③[県立]岡山大安寺中等教育学校

④[県立]津山中学校

⑤岡山中学校

⑥清心中学校

⑦岡山白陵中学校

⑧金光学園中学校

⑨就実中学校

⑩岡山理科大学附属中学校

⑪山陽学園中学校

広島県

①[国立]広島大学附属中学校

②[国立]広島大学附属福山中学校

③[県立]広島中学校

④[県立]三次中学校

⑤[県立]広島叡智学園中学校

⑥[市立]広島中等教育学校

⑦[市立]福山中学校

⑧広島学院中学校

⑨広島女学院中学校

⑩修道中学校

⑪崇徳中学校

⑫比治山女子中学校

⑬福山暁の星女子中学校

⑭安田女子中学校

⑮広島なぎさ中学校

⑯広島城北中学校

⑰近畿大学附属広島中学校福山校

⑱盈進中学校

⑲如水館中学校

⑳ノートルダム清心中学校

㉑銀河学院中学校

㉒近畿大学附属広島中学校東広島校

㉓AICJ中学校

㉔広島国際学院中学校

㉕広島修道大学ひろしま協創中学校

山口県

①[県立]
- 下関中等教育学校
- 高森みどり中学校

②野田学園中学校

徳島県

①[県立]
- 富岡東中学校
- 川島中学校
- 城ノ内中等教育学校

②徳島文理中学校

香川県

①大手前丸亀中学校

②香川誠陵中学校

愛媛県

①[県立]
- 今治東中等教育学校
- 松山西中等教育学校

②愛光中学校

③済美平成中等教育学校

④新田青雲中等教育学校

高知県

①[県立]
- 安芸中学校
- 高知国際中学校
- 中村中学校

福岡県

①［国立］福岡教育大学附属中学校（福岡·小倉·久留米）

②［県立］
- 育徳館中学校
- 門司学園中学校
- 宗像中学校
- 嘉穂高等学校附属中学校
- 輝翔館中等教育学校

③西南学院中学校
④上智福岡中学校
⑤福岡女学院中学校
⑥福岡雙葉中学校
⑦照曜館中学校
⑧筑紫女学園中学校
⑨敬愛中学校
⑩久留米大学附設中学校
⑪飯塚日新館中学校
⑫明治学園中学校
⑬小倉日新館中学校
⑭久留米信愛中学校
⑮中村学園女子中学校
⑯福岡大学附属大濠中学校
⑰筑陽学園中学校
⑱九州国際大学付属中学校
⑲博多女子中学校
⑳東福岡自彊館中学校
㉑八女学院中学校

佐賀県

①［県立］
- 香楠中学校
- 致遠館中学校
- 唐津東中学校
- 武雄青陵中学校

②弘学館中学校
③東明館中学校
④佐賀清和中学校
⑤成穎中学校
⑥早稲田佐賀中学校

長崎県

①［県立］
- 長崎東中学校
- 佐世保北中学校
- 諫早高等学校附属中学校

②青雲中学校
③長崎南山中学校
④長崎日本大学中学校
⑤海星中学校

熊本県

①［県立］
- 玉名高等学校附属中学校
- 宇土中学校
- 八代中学校

②真和中学校
③九州学院中学校
④ルーテル学院中学校
⑤熊本信愛女学院中学校
⑥熊本マリスト学園中学校
⑦熊本学園大学付属中学校

大分県

①［県立］大分豊府中学校
②岩田中学校

宮崎県

①［県立］五ヶ瀬中等教育学校

②［県立］
- 宮崎西高等学校附属中学校
- 都城泉ヶ丘高等学校附属中学校

③宮崎日本大学中学校
④日向学院中学校
⑤宮崎第一中学校

鹿児島県

①［県立］楠隼中学校
②［市立］鹿児島玉龍中学校
③鹿児島修学館中学校
④ラ・サール中学校
⑤志學館中等部

沖縄県

①［県立］
- 与勝緑が丘中学校
- 開邦中学校
- 球陽中学校
- 名護高等学校附属桜中学校

もっと過去問シリーズ

北海道

北嶺中学校
7年分（算数・理科・社会）

静岡県

静岡大学教育学部附属中学校
（静岡·島田·浜松）
10年分（算数）

愛知県

愛知淑徳中学校
7年分（算数・理科・社会）
東海中学校
7年分（算数・理科・社会）
南山中学校男子部
7年分（算数・理科・社会）
南山中学校女子部
7年分（算数・理科・社会）
滝中学校
7年分（算数・理科・社会）
名古屋中学校
7年分（算数・理科・社会）

岡山県

岡山白陵中学校
7年分（算数・理科）

広島県

広島大学附属中学校
7年分（算数・理科・社会）
広島大学附属福山中学校
7年分（算数・理科・社会）
広島学院中学校
7年分（算数・理科・社会）
広島女学院中学校
7年分（算数・理科・社会）
修道中学校
7年分（算数・理科・社会）
ノートルダム清心中学校
7年分（算数・理科・社会）

愛媛県

愛光中学校
7年分（算数・理科・社会）

福岡県

福岡教育大学附属中学校
（福岡·小倉·久留米）
7年分（算数・理科・社会）
西南学院中学校
7年分（算数・理科・社会）
久留米大学附設中学校
7年分（算数・理科・社会）
福岡大学附属大濠中学校
7年分（算数・理科・社会）

佐賀県

早稲田佐賀中学校
7年分（算数・理科・社会）

長崎県

青雲中学校
7年分（算数・理科・社会）

鹿児島県

ラ·サール中学校
7年分（算数・理科・社会）

※もっと過去問シリーズは
国語の収録はありません。

教英出版
〒422-8054
静岡県静岡市駿河区南安倍3丁目12－28
TEL 054-288-2131
FAX 054-288-2133
詳しくは教英出版で検索
教英出版 検索
URL https://kyoei-syuppan.net/

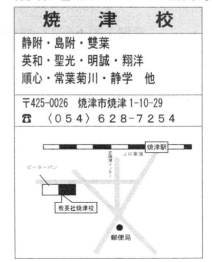

日曜進学教室の指導システム

理解を深め、定着させる５つのＳＴＥＰ

STEP 1　予習

　当社で設定したカリキュラムに従い、毎週、次の日曜日に学習する項目に関して予習をしてきていただきます。これは、次の日曜日にどのようなことを学習するのか概要をつかみ、疑問点などを明確にしておくためのものです。

STEP 2　テスト

　日曜進学教室では、毎週、テストを行います(30 分間)。予習範囲の学習内容がどの程度理解できているかを、児童自身が確認するためのテストであり、また、問題を解くことでさらに理解を深めていくための指導用のテストでもあります。(得点を競うためのテストではありません。)

STEP 3　解

　テスト終了後
います(50 分間
解けなかった問
いたところを
し、正しい理解
また、正答を導
や、問題を解く
ど、実践的解答
指導し、類似問
養います。

1　**対象**　**小学5・6年**

2　**期間**　**5年生　2024 年2月4日(日)～2025 年1月 12 日(日)**
6年生　2024 年2月4日(日)～2025 年1月5日(日)

3　**時間**　**9:00～12:00**

模擬テスト(４月～)のあるときは　**10:00～12:00…中学入試模擬テスト**
13:00～15:30…解説授業

※静岡本部校は同内容の「土曜コース」があります。(詳細は別紙参照)
※焼津校の５年生は通常授業・模擬テスト・解説授業とも土曜日の実施となります。
(祝日・講習会中は日曜日の実施)
※日曜進学教室生は、「中学入試模擬テスト」を必ず受験していただきます。
※日曜進学教室生(６年)は、年２回(４月７日、６月 23 日)「学力チェックテスト」を必ず受験していただきます。
※「中学入試模擬テスト」「学力チェックテスト」の詳細は別紙パンフレットをご覧ください。

■ 申し込み方法

① 教英社事務所での取り扱い(当日受付も承ります。ただし、初めて本テストを受験される方は、ご予約の上受験されることをお勧めします。)

② 現金書留(申込書を添えて郵送下さい。)
静岡本部校のみ

(注) 教英社現教室生は、授業料の中に模擬テスト受験料(教室生割引き金額)も含まれておりますので、申し込みの必要はありません。

■ 持ち物

筆記用具(シャープペンは不可)

■ 解説授業

教英社の現教室生は、実施日午後(13：00～15：30)に行われる模擬テスト解説授業をテスト受験料プラス2,500円で受講できます。あらかじめ御予約ください。日曜進学教室生は申し込みの必要はありません。定員に達し次第締切ります。**模擬テストのみ・講習会受講のみの児童は参加できません。**

約　　定

1 模擬テスト参加を受験料払込みのうえ予約された方で当日何らかの事情で欠席されても受験料は返金致しません。問題用紙を発送させて戴きますのでご自宅で解いて、解答用紙を小社宛に返送して下さい。採点後、成績表とともに郵送致します。

2 解説授業に申し込まれた方で、当日何らかの事情で欠席された場合、振り替え授業がありません。また、受講料も返金できませんのでご注意下さい。

3 答案の採点に当たっては四審し、万全を期しておりますが、万一採点ミスがありましたら恐れ入りますが小社宛返送して下さい。訂正後送料当社負担にて郵送させて戴きます。

教英社
KYOEISHA

http://kyoeisha.jp

静岡本部校　〒420-0031　静岡市葵区呉服町2-3-1 ふしみやビル5Ｆ
(054) 252－3445

焼津校　〒425-0026　焼津市焼津1-10-29
(054) 628－7254

キリトリ線

教英社　中学入試模擬テスト　申込書

※教英社の会員証をお持ちの方は**太枠部分のみ記入**して下さい。

会員番号	フリガナ		
	本人氏名		男・女

生年月日	志望校名	保護者氏名
・　・		

在学校・学年	電話番号
小学校　年	〈　〉　－
	緊急連絡先
	〈　〉　－

住所	〒　－
会場	□ 静岡校　□ 焼津校
学年	□ 6年生　□ 5年生
時間	□ 10：00～12：00
	□ 13：00～15：00(静岡校のみ)

受験日：受験月日の□に✔を入れて下さい。解説授業希望日は番号に○をつけてください。

6年生	①	2/12(無料)		⑧	9/15	□
	②	4/21	□	⑨	10/6	□
	③	5/19	□	⑩	10/20	□
	④	6/16	□	⑪	11/3	□
	⑤	7/21	□	⑫	11/17	□
	⑥	8/18	□	⑬	12/1	□
	⑦	9/1	□	⑭	12/15	□
5年生	①	2/12(無料)		⑦	9/15	□
	②	4/21	□	⑧	10/20	□
	③	5/19	□	⑨	11/17	□
	④	6/16	□	⑩	12/15	□
	⑤	7/21	□	⑪	1/5	□
	⑥	8/18	□			

模擬テスト　　回分　　円
現教室生のみ　(解説授業　　回分　　円)
を添えて申し込みます。

受験料…………………… 1回　4,500円(税込)
5回以上………………… 1回当たり　4,000円(税込)

※当日会場で申し込む方はこの申込書はいりません。

2025年度中学入試　模擬テ

		2　月	4　月	5　月	6
6年生	国語	○5年までの 総復習	○説明的文章 ○物語 ○漢字の音訓 ○漢字の部首・ 画数・筆順	○説明的文章 ○物語 ○送りがな・ かなづかい ○文の組み立て	○説明的文 ○詩 ○単語の種
			(漢字の読み書きは、8月までは5年生ま		
	算数	○5年までの 総復習 ○速さ	○正多角形と円 ○割合	○割合とグラフ ○文字と式	○分数のか わり算
5年生	国語	○4年までの 総復習	○説明文 ○物語 ○漢字の音訓 ○漢字の部首・ 画数・筆順	○説明文 ○物語 ○同訓異字・ 同音異義語 ○送りがな・ かなづかい	○説明文 ○随筆文 ○熟語 ○同類語・
			(漢字の読み書きは、8月までは4年生ま		
	算数	○4年までの 総復習	○小数と整数	○合同な図形 ○比例	○体積

※ 6年生2月算数：正多角形と円、割合、割合とグラフを除

	小　6	
春期講習	**3月21日(木)～4月2日(火) の8日間　予定**	**3月**
夏期講習	**7月29日(月)～8月22日(木) の14日間　予定**	**7月2**
冬期講習	**12月23日(月)～1月3日(金) の8日間　予定**	**12月2**

詳しくはパンフレットをご請求ください。

テスト出題範囲

・小６　９月以降の範囲（上段から１回目、２回目）

・前回までの内容はすべて、次のテストの出題範囲になります。

月	７　月	８　月	９　月	10　月	11　月	12　月	１　月
章 頁 での復習）	○説明的文章 ○随筆文 ○ことわざ ○慣用句 ○語句の意味と 用法	○７月までの 総復習	○説明的文章 ○物語 ○熟語	○説明的文章 ○物語 ○助詞・助動詞	○説明的文章 ○物語 ○敬語	○総合問題①	
			○説明的文章 ○随筆文 ○熟語	○説明的文章 ○随筆文 ○助詞・助動詞	○説明的文章 ○物語 ○敬語 ○文の書きかえ	○総合問題②	
ナ算・	○小数と分数の 計算	○対称な図形 ○資料の整理	○８月までの 総復習	○角柱・円柱 の体積・表面積	○拡大図・縮図 ○比例・反比例	○総合問題①	
			○曲線のある図形	○比	○ならべ方 組合せ	○総合問題②	
吾 復習）	○説明文 ○詩 ○言葉のきまり （主語・述語 ・修飾語）	○７月までの 総復習	○説明文 ○随筆文 ○言葉の意味 ○ことわざ・ 慣用句	○説明文 ○伝記文 ○漢字・熟語の まとめ	○説明文 ○物語 ○言葉のきまり・ 言葉の意味の まとめ	○説明文 ○随筆文 ○言葉のきまり （敬語）	○総合問題
	○小数のかけ算	○小数のわり算	○図形の角	○倍数・約数	○分数のたし算・ ひき算	○単位量あたり の大きさ	○図形の面積

小　５
１日（木）～４月１日（月） の７日間　予定
９日（月）～８月２２日（木） の１４日間　予定
３日（月）～１２月３１日（火） の７日間　予定

バックナンバー受験制度

本年度に実施された「中学入試模擬テスト」で、すでに終了した回の「中学入試模擬テスト」をさかのぼって受験することができます。採点した答案とともに、その回の成績表をお付けします。復習、入試対策にご利用ください。（※「まとめて予約」の適用外となります）

１回分受験料　4,500円（税込）＋郵送料

自宅でテストが受けられます

お電話またはホームページのお問合せフォームよりお申込み下さい。

① 郵送にて問題用紙をお送りします。（実施日 1~2 日前後着予定）

② 解答用紙と受験票をご返送ください。

③ 到着後、採点集計し、テスト結果を返送いたします。

※受験料は同封の払込票で、問題用紙到着後１週間以内にお支払いください。

１回分受験料　4,500円（税込）＋郵送料

6年生
5年生

2025年度中学入試用
静岡県中学入試模擬テスト

対象校

静大附属静岡・島田・浜松・不二聖心・日大三島・暁秀・星陵・富士見・サレジオ翔洋・大成・英和・雙葉・常葉・常葉橘・静岡学園・聖光・静岡北・城南藤枝明誠・順心・常葉菊川・磐田東・西遠・開誠館・浜松日体・浜松学芸聖隷・浜松学院・浜松修学舎・沼津市立・清水南・浜松西

入試直結の問題・確かなデータ

ポイント1　静岡県の中学受験を完全網羅

教英社の中学入試模擬テストは、静岡県で過去に出題された問題を中心に入試問題を研究し、翌年の静岡県の中学入試を予想して作成されたものです。

ポイント2　正確な合否判定資料

この模擬テストには、静岡県の中学受験を希望する方の大多数にご参加いただいていますので、個人成績表に示されたデータは、客観的に各受験者の合格判定をはかる確かなデータとなっています。

ポイント3　弱点把握・学習指針

当社独自に年間カリキュラムを作成し、中学入試に必要とされる学習項目をすべて試験にとり入れておりますので、年間を通じて受験していただければ、入試のためにどのような学習が必要か、自分の苦手なところはどこかなどを判断する上での参考にもなります。この模擬テストを目標に学習をすすめ、正確なデータにもとづき各自の学力の伸びを判断していけば、志望校合格への道は開けてくるはずです。

■　実施日

6年生		
	①　2月12日(月・祝)	⑧　9月15日(日)
	②　4月21日(日)	⑨　10月6日(日)
	③　5月19日(日)	⑩　10月20日(日)
	④　6月16日(日)	⑪　11月3日(日)
	⑤　7月21日(日)	⑫　11月17日(日)
	⑥　8月18日(日)	⑬　12月1日(日)
	⑦　9月1日(日)	⑭　12月15日(日)

5年生		
	①　2月12日(月・祝)	⑦　9月15日(日)
	②　4月21日(日)	⑧　10月20日(日)
	③　5月19日(日)	⑨　11月17日(日)
	④　6月16日(日)	⑩　12月15日(日)
	⑤　7月21日(日)	⑪　1月5日(日)
	⑥　8月18日(日)	

■　会場・時間・受験料　※2/12のみ時間が異なります。(詳細は別紙参照)

学年(科目) / 会場	6年生　2科目(国・算)	5年生　2科目(国・算)
静岡本部校	10:00～12:00　または　13:00～15:00	
焼津校	10:00～12:00	
受験料	**1回4,500円(税込)**。ただし、前もって無料模擬以外の5回以上をまとめて予約された方は1回4,000円(税込)で受験できます。実施日前日までにまとめてご予約された分のみ割引の対象となります。当日申し込み分は割引の対象とはなりませんのでご了承ください。予約日の変更はできませんのでご注意ください。 実施日前日までにご予約されていない方で、自宅での受験を希望される場合、問題用紙の**郵送料**が別途掛かりますのでご了承ください。 **※「予約」とは実施日前日までに受験料のお支払いがされていることです。電話でのお申込みは予約にはなりませんのでご注意ください。(※無料模擬除く)**	

日曜進学教室

・県内中学受験に添った徹底指導　　・志望校別の豊富な受験資料と情報

業

授業を行
トのとき
間違えて
場で確認
きます。
プロセス
注意点な
んねんに
応用力を

STEP 4 復習

日曜進学教室終了後、ご自宅にて、同じ内容のテストをもう一度解いていただきます。解説授業での指導を思い起こしながら、間違えていたところを修正し、満点の答案を作成することで、日曜進学教室で学んだ指導内容の定着をはかります。〈満点答案の作成〉

STEP 5 模擬テスト

毎月の中学入試模擬テストの内容は、日曜進学教室の学習進度と並行しています。日曜進学教室で学習したことがどの程度理解できているかを、模擬テストを受験することで、客観的に判断できます。また、模擬テスト直後に解説授業が組みこまれているので、テストでの疑問点がすぐに解決できます。

キリトリ

2024年度　小5・6　日曜進学教室　入室申込書

会員番号	フリガナ		在学校名
	生徒氏名	男 女	小学校

学年	生年月日	フリガナ		志望校名
年	年　月　日	保護者名		中学校

住所	〒　－		
電話番号	(　　)　－	緊急連絡先	(　　)　－

受講会場 ○でかこんでください	1.静岡本部校	2.焼　津　校	入　室　日
	A　日曜(5.6年)コース B　土曜(5.6年)コース	A　日曜(6年)コース B　土曜(5年)コース	年　月　日より
入室金免除	他の講座入室時に支払い済	兄弟姉妹が入室金を支払い済	

既に教英社の会員証をお持ちの方は、太わくの部分のみご記入ください。

曜進学教室室生は、学費の中に、中学入試模擬テスト受験料も含まれております。テスト申込書は提出る必要はありません。

岡本部校の土曜(5.6年)コースは7月までの実施になります。夏期講習以降は日曜コースに参加していただきす。

学　費

〈２ヶ月分の学費〉

約　　　　定

何らかの事情で途中退室される受験生は、入室金・当月授業料・教材費は返金致しませんので、ご承知おき下さい。

学費（日曜進学教室の授業料は２ヶ月単位）

学年	学期	授業料（円）	テスト受験料（円）	2ヶ月分合計（円）
６年	第一期（２～３月）	４３，２００	0	４３，２００
	第二期（４～５月）	３３，８００	12,500模試(2回)チェック(1回)	４６，３００
	第三期（６～７月）	３８，６００	12,500模試(2回)チェック(1回)	５１，１００
	第四期（８～９月）	３６，３００	12,000模試(3回)	４８，３００
	第五期（10～11月）	２９，２００	16,000模試(4回)	４５，２００
	第六期（12～１月）	２４，２００	8,000(模試2回)	３２，２００
５年	第一期（２～３月）	３７，８００	0	３７，８００
	第二期（４～５月）	３０，２００	8,000(模試2回)	３８，２００
	第三期（６～７月）	３４，４００	8,000(模試2回)	４２，４００
	第四期（８～９月）	３４，４００	8,000(模試2回)	４２，４００
	第五期（10～11月）	３０，２００	8,000(模試2回)	３８，２００
	第六期（12～１月）	２６，０００	8,000(模試2回)	３４，０００

・初回申込時のみ入室金 17,800 円がかかります。（兄弟姉妹が入室金を支払い済みの方は必要ありません
　教材費６・５年 8,200 円(初回のみ/5・6年内容の合本です)

・途中入室の場合の授業料は残りの授業回数で計算します。

・上記金額には消費税が含まれております。

※学力チェックテスト(６年)を４月７日、６月 23 日に実施。国・算の弱点を分析し指導の資料とします。

教室案内・行事予定

１．　中学入試模擬テスト
　小学校 5.6 年対象―国語・算数
　6 年生 14 回　5 年生 11 回

２．　受験科教室
　小学校 5.6 年対象―国語・算数

３．　志望校別特訓クラス　小学校 6 年対象

４．　清水南中受検総合適性クラス
　静岡本部校　小学校 6 年対象

５．　志望校別模擬テスト（附属静岡・島田・雙葉）
　小学校 6 年対象

６．　講　習　会（春・夏・冬）

７．　問　題　集
・国・私立中学入試問題集―静附・雙葉・英和・聖光・常葉・静学・橘・翔洋・不二聖心・サレジオ・西遠・浜松開誠館・暁秀・浜松西・清水南他
・面接試験受験の要領・面接試験の要領ＤＶＤ
・中学入試総まとめ　国語・算数

二〇二一年度

静岡サレジオ中学校入学試験　【国語】(50分)　問題用紙

一　次の文章を読んで、後の問いに答えなさい。(字数制限のある場合には、句読点なども一字に数えます)

　この冬休みは中学受験がせまっていたので、勉強に取り組んだ。〰〰〰な算数をがんばった。算数は、ずっと①成績が悪くてあまり勉強する気が起きなかった教科だ。特に、文章問題なんて（　ア　）が立たない。やってもやっても（　イ　）といった感じだった。とりあえず、②ドリル長の計算問題を③説くことにした。④意外と楽しくて、⑤結講集中して勉強して家族に⑥感心された。

大晦日《おおみそか》の夜、神だのみじゃないけど、神社に初詣《はつもうで》に出かけて合格祈願《ごうかくきがん》をしようということになった。

毎年出かけている近所の神社に父と兄とぼくと妹の四人で行くことにした。

母は年⑦こしそばの⑧じゅんびがあるからと、

「お母さんの分もお参りしてきてちょうだい。」

と言って、家に残った。

ジャンパーとマフラーと手ぶくろで⑨ぼうかんはしっかりした。久しぶりの外出は、気晴らしになった。

神社へ行くと聞いた妹はお祭りに行くのとかんちがいしたようだ。

「お兄ちゃん、早く行こうよ。」

[うれしそうに]ぼくの顔を見上げ、白い息で話してくる。

①境内は提灯《ちょうちん》がともり、それほど暗くはなかったが、思ったよりも人出が多かったので、ぼくは妹と手をつないだ。

②たき火の向こう側にある社務所で、兄はおみくじを買った。父は、社務所で神子の売り子さんに破魔矢《はまや》を頼んだ。

③父は学業成就のお守りを買ってやると言ってくれたが、ぼくはそれがなくても大じょう夫な気がして、いらないと言った。

「　　　　A　　　　」

問1　〰〰〰 に当てはまる漢字の熟語を書きなさい。

問2　(ア) に当てはまる言葉を書き、慣用句を完成させなさい。

問3　(イ) にあてはまることわざを書きなさい。

問4　二重線が引かれている①～⑥の言葉で、漢字の使い方が正しいものには○を、まちがっているものは正しい漢字を書きなさい。

問5　傍線⑦～⑨のひらがなで書かれた言葉を漢字に書きなさい。送りがなが必要なものは送りがなも書きなさい。

問6　[うれしそうに] が修飾《しゅうしょく》（くわしく）している言葉を探して書きなさい。

問7　波線①の文について、主語と述語がどれかを答えなさい。

問8　波線②の二文を、一文にしなさい。

問9　波線③の一文を、二文にしなさい。

問10（　A　）は、お守りをいらないと言った「ぼく」に対しての父親の言葉が入ります。『ことわざ』または、『慣用句』を用い、二文になるよう想像して書きなさい。

二　次の文章を読んで、後の問いに答えなさい。（字数制限のある場合には、句読点なども一字に数えます）

（家庭の経済的な事情から、知人の家で養育されている君平《くんぺい》のもとへ、ある日、母親のマキが訪《たず》ねてきた。）

著作権に関係する弊社の都合により
本文は省略いたします。
教英出版編集部

著作権に関係する弊社の都合により
本文は省略いたします。

教英出版編集部

（東菜奈「風を待つ少年」より）

※京子……君平の妹。
※正雄……君平が世話になっている家の主人。「幾子」はその妻。
※ジャラジャラという音……マキのアクセサリーの音。
※万華鏡……筒《つつ》をのぞくと、美しい模様《もよう》がいろいろ浮き出てくるおもちゃ。
※舶来……外国の製品。
※罵声……ののしり声。

問1　□A・Dに当てはまる言葉を、それぞれ次の中から選びなさい。

ア　わざとらしい
イ　のんびりとした
ウ　重々しい
エ　ほっとした
オ　親しげな

問2　傍線部①「君平は、（そんな状況じゃないんだよ）と心の中で呟いた」とあるが、このときの君平の気持ちとして適当なものを、次の中から選びなさい。

ア　自分だけ着飾っている母親をさげすむ気持ち。
イ　母親ののんきな態度にいらだつ気持ち。
ウ　派手なかっこうの母親を恥ずかしく思う気持ち。
エ　母親が正雄を怒らせないかとはらはらする気持ち。

問3　□B・Cに当てはまる言葉を、それぞれ次の中から選びなさい。

ア　ようやく
イ　わざわざ
ウ　おそるおそる
エ　必ずしも
オ　決して

問4　傍線部②「もったいぶった」の、この場合の意味として適当なものを、次の中から選びなさい。

ア　きれいな
イ　おおげさな
ウ　はなやかな
エ　やわらかな

問5　傍線部③「うふふふふ。違うの。覗いてごらん」とあるが、この時のマキの気持ちはどのようなものか、文中の言葉を用いて簡単に説明しなさい。

問6　傍線部④「一座に沈黙があった」とは、どのような様子を表しているか。次の中から選びなさい。

ア　みんなが何も言わずに、何か考えこんでいる様子。
イ　部屋中がしんとして、穏やかな雰囲気に包まれている様子。
ウ　みんながぼうっとして、われを忘れている様子。
エ　部屋中が静まり返り、気まずい空気が流れている様子。

問7　傍線部⑤「君平は瞬間的に煮えたぎるような怒りを感じた」とあるが、君平はなぜ怒りを感じたのか。文中の言葉を用いて簡単に説明しなさい。

問8　傍線部⑥「状況」を最も良く表している一文を文中から探し、初めの五字を書き抜きなさい。

問9　マキはどのような人物として描かれているか。次の中から選びなさい。

ア　人の気持ちやまわりの雰囲気を読めない、にぶくてひとりよがりの人。
イ　子どもが世話になっているのに感謝もしない、非常識でずうずうしい人。
ウ　無理をしてまで子どもの機嫌をとろうとする、ずるがしこい人。
エ　子どものことなどどうでもいいと考えている、冷たくて自分勝手な人。

問10　この文章では、君平のどのような気持ちが主に書かれているか。次の中から選びなさい。

ア　高価なものさえあたえてやれば子どもが喜ぶと思っている母親をさげすむ気持ち。
イ　高価な土産物などお金のむだづかいばかりして一度も仕送りをしてこない母親をにくむ気持ち。
ウ　自分の子どもが世話になっている人の機嫌をそこねても平気な母親をうらむ気持ち。
エ　自分の子どもの立場や気持ちを少しも思いやれない無神経な母親を腹立たしく思う気持ち。

三　次の文章を読んで、後の問いに答えなさい。（字数制限のある場合には、句読点なども一字に数えます）

「山と里」、「動物世界と人間世界」「自然と文明」というふうに、世界を、ふたつの相反《あいはん》する領域からなるものとして見る方法を二元《にげん》論という。二元論それ自体が悪いのではないが、「人間か、さもなければ自然か」というように、ⓐ二者択一で、つまり、まるでこのふたつのどちらかしかないかのように考えるとすれば、それは問題だ。

また「人間は動物より優れている」というふうに、片方をもう片方の上に置いて、上下や優劣《ゆうれつ》の関係としてみることもよくある。極端な場合は、人間が「○」で自然が「×」であるかのように、考えてしまう。さらに「光対闇」、「正義対悪」のように、世界を相対立する二者の闘《たたか》いの場とする見方も珍《めずら》しくない。

こうなると、①二元論はさまざまな問題を引き起こすことになる。「人間対自然」という視点から、歴史の「進歩」を理解しようとしたり、科学技術が引き起こす環境破壊を正当化したり、というのもそうだ。

「自然対人間」という困った二元論は、しかし現代世界に大きな影響力をもってしまっている。そこからなんとか抜け出るにはどうしたらいいか。そのための道筋が、賢治（宮沢賢治）の文学の中にある、と井上ひさしは考えたのだ。里と山との間に広がる「あらゆるものの共有地」。それは里でもなく、山でもなく、でも見方によっては、同時に里でも山でもあるような空間。これが最近、メディアでもよく使われるようになった「里山」という言葉の、もともとの意味なのだと思う。

そこでは、自然と人間とが、「対等の資格で出会う」、そして、互いを受け入れ、認め合い、交流を深める。また、井上によれば、「すべてのものがすべてのものに理解できる不思議なコトバ（賢治がたまたまそれを日本語で書きとめたにすぎない）を使うのもここだ」。

そう考えれば、ツメクサとは、その里山という共有地へと、「人間を案内するための緑の絨毯《じゅうたん》」だったのだと、井上は言う。つまり、「里」は[1]でありながら、その先にある[2]である「里山」へと、そして、さらに奥にある[3]としての「山」へと通じていた。

しかし、今では、その田園の風景は大きく変わってしまった、と井上は嘆く。

いま、つめくさは疎《うと》まれ、どこもかしこもアスファルトやコンクリートや鉄や芝生ばかり。………（中略）………山猫からも葉書が来なくなってしまった。②あの明るく楽しい広場はどこへ消えてしまったのだろう。

「どんぐりと山猫」なら、きみも絵本などで読んだことがあるかもしれない。井上が言う「あの明るく楽しい広場」とは、そのお話の中で、山猫からの招待を受けた少年、一郎が訪れ、どんぐりたちの間に起こった争いについての裁判に出席することになる、森に囲まれた「黄金いろの草地」のこと。

「それは、井上の言う、里と山とが、人間と自然とが、対等に出会い、混じり合い、交流する場所。それはどこへ消えてしまったのか、と自問した井上は、「そこを探し当てるため」にこそ賢治の作品を役立てよう、と読者に呼びかける。そうすれば、そこに「きっと辿《たど》りつけるはず」だから、と。

でも、とぼくはふと思うのだ。「山猫からも葉書が来なくなってしまった」と井上ひさしが言うように、野生動物たちからのメッセージは本当にもう来なくなってしまったのだろうか、と。来ているのに、気がつかないだけかもしれない。ラインやツイッターのメッセージをやりとりするのに忙しくて……。

「どんぐりと山猫」の一郎は、たしかに、かなり変わった少年だ。葉書を見た彼は、うれしくて、うれしくて、「うちじゅうとんだりはねたり」。葉書には、どこへ、どう行けばいいのか、など、ぜんぜん書いてなかったのに、一郎はどんどん山に入り、木や滝やリスに道をたずねながら、とうとう目指す金色の草地にたどり着いてしまう。まるで用意されていたテストを次々にクリアしていくように。

そこに現れた山猫は、ドングリたちの争いをめぐる裁判で困っていて、一郎の考えをききたい、という。裁判では、集まってきた何百というドングリたちが、「誰が一番えらいか」をめぐって言い争う。えらいのは、頭のとがっているもの、丸いるの、大きいもの、背の高いもの、それとも、押しっこの一番強いもの？

裁判官役の山猫から、最後に意見を求められた一郎が言う。

そんなら、こう言いわたしたらいいでしょう。このなかでいちばんばかで、めちゃくちゃで、まるでⓑなっていないようなのが、いちばんえらい、とね。

そのアドバイスのとおり、山猫は判決を下す。すると、それまで大騒ぎしていたドングリたちはしいんとして、かたまってしまった。それで一件落着。一郎は難しい裁判をあっという間に解決してしまった、というお話。

　これはたしかに見事だ。だって、さすがのドングリたちもまさか、われこそ、一番ばかで、めちゃくちゃだ、とは言えないだろうから。

　「ドングリのせい比べ」ということわざをきみは知っているかな？　それは、どれもこれも似たりよったりで、特に優れたものがいないことのたとえ、だ。ドングリは形も大きさも一様で差がほとんどないので、比べても意味がない、ということわざに対して、作者の賢治が「どんぐりと山猫」にこめたメッセージは、まったく別のもの。つまり、ドングリはひとつひとつがみなちがうので、どれが優れているとか劣っているとかと決めることはできないし、決めようとすることには意味がない。つまり、ことわざの「X」に対して、賢治のは「Y」。

　同じ種の動植物はみな同じように見える。一見、似たりよったりに見える自然現象の中に、でも、賢治は限りない多様性を見る。この限りなく広大な自然界の中に、二つと同じものはない。無数にある石ころだって、みんなちがっている。多様性とは自然の別名と言ってもいいくらいだ。

　ぼくたちが前に見た「世界に一つだけの花」のように、③どのドングリもナンバーワンではないが、どれもがオンリーワンなのだ。こうして一郎少年(賢治)は、現代社会で重要視されている「比較」や「競争」の中にひそむ危険な落とし穴のことを、ぼくたちに思い出させてくれる。

　自然界が人間界に向けて送り続けているメッセージを、ぼくたちがもう一度聞きとれるようになるにはどうしたらいいのだろう。そして、「すべてのものに理解できる不思議なコトバ」をちゃんと話せるようになるには？

　シャーマンのように特別な能力をもたないまでも、本来、ぼくたちのだれもが自然界からのメッセージを受信するアンテナのようなものを、もっているのではないか、とぼくは考えている。でも、現代社会では、そういう能力をよくないものと見なしたり、危険視したりする。それで、ぼくたちのアンテナは使われないまま、すっかりさびついてしまったのではないだろうか。

(辻信一「弱虫でいいんだよ」ちくまプリマー新書より)

問1　波線部ⓐ「二者択一」、ⓑ「なっていない」の本文中における意味として最も適切なものをあとから一つずつ選び、記号で答えなさい。

ⓐ「二者択一」

ア　二つの物事のうち優れたものを選ぶこと
イ　二つの物事のうちどれかを選ぶこと
ウ　対立する物事のうち優れたものを選ぶこと
エ　対立する物事のうちどちらかを選ぶこと
オ　対立する物事とは違う別のものを選ぶこと

ⓑ「なっていない」

ア　ひどく悪く排除《はいじょ》すべきだ
イ　良くないが憎《にく》めない
ウ　とても論外だ
エ　良くも悪くもない
オ　悪くはないが不十分だ

問2　傍線部①「二元論はさまざまな問題を引き起こすことになる」とあるが、二元論がもたらす問題点を説明したものとして適切でないものを次から選び、記号で答えなさい。

ア　相反する二つの物事のうち、どちらかの立場からしか考えていない点。
イ　二つのものを比べて、どうしてもその優劣をつけてしまう点。
ウ　二つの物事を対立させることにより、争いが生じてしまう点。
エ　世界の相反する物事を尊重《そんちょう》し、それぞれを均等にとらえる点。
オ　対立する相手を悪と見なし、征服《せいふく》することをも正当化する点。

問3　[1]～[3]にあてはまる言葉の組み合わせとして最も適切なもの次から選び、記号で答えなさい。

ア　1　誰もが自由勝手に振る舞《ま》える場
　　2　自然との交わりの場
　　3　人間をも自然をも共に拒絶《きょぜつ》する場
イ　1　自然との交わりの場
　　2　野生の縄張り
　　3　人間をも自然をも拒絶する場
ウ　1　野生の縄張り
　　2　誰もが自由勝手に振る舞える場
　　3　人間たちの縄張り
エ　1　人間たちの縄張り
　　2　誰もが自由勝手に振る舞える場
　　3　野生の縄張り
オ　1　人間たちの縄張り
　　2　自然との交わりの場
　　3　野生の縄張り

問4　傍線部②「あの明るく楽しい広場」とあるが、この広場はなぜ明るく楽しいのですか。その理由を説明しなさい。

問5　[X]・[Y]にあてはまる言葉として適切なものを次から一つずつ選び、記号で答えなさい。

ア　ちがうから比べられない
イ　ちがうから比べられる
ウ　ちがうからすばらしい
エ　同じだから比べられない
オ　同じだから比べられる
カ　同じだからすばらしい

問6　傍線部③「どのドングリもナンバーワンではないが、どれもがオンリーワンなのだ」とあるが、ここから作者のどのような想いが読み取れるか。「～という思い。」につながる形で七十字以内で説明しなさい。

2021年度　静岡サレジオ中学校　入学試験　問題用紙　算数　その1

【注意】　答えは全て解答用紙に書きなさい。また、（考え方）とあるところは考え方も書きなさい。

（50分）

１．次の計算をしなさい。ただし、⑨，⑩は□にあてはまる数を答えなさい。

① $678+293-161$

② $23+19\times3$

③ $18-8\div(1+3)$

④ $6.5\div3.7$

※　小数第二位を四捨五入して、がい数で答えなさい。

⑤ $\frac{1}{6}+\frac{3}{4}-0.7$

⑥ $1\frac{1}{6}\div\left(\frac{7}{8}-\frac{5}{12}\right)$

⑦ $2\frac{1}{7}\times3\frac{1}{9}-2\frac{1}{7}\times2\frac{1}{3}$

⑧ $0.75\times9.8+1.5\times0.4$

⑨ $\frac{5}{6}+1\frac{\square}{8}=2\frac{5}{24}$

⑩ $(\square\,\mathrm{m}^2+500\,\mathrm{a})=9.5\,\mathrm{ha}$

２．次の各問いに答えなさい。

(1)　3けたの整数のうち，9の倍数は何個ありますか。

(2)　姉と妹が5：3の割合でお金を出し合って、お母さんにプレゼントを買いました。
姉の出した金額が1600円のとき、プレゼントの代金は何円ですか。

(3)　$\boxed{0}$、$\boxed{2}$、$\boxed{4}$、$\boxed{6}$の4枚のカードのうち3枚を1列に並べて、3けたの整数を作ります。
この3けたの整数のうち，小さい方から数えて10番目の整数はいくつですか。

(4)　算数のテストを3回おこなったところ平均点が72点でした。4回の平均点が75点になるためには,
4回目のテストで何点取ればよいですか。

(5)　右の図のような立体の体積を求めなさい。
ただし、円周率は3.14とします。

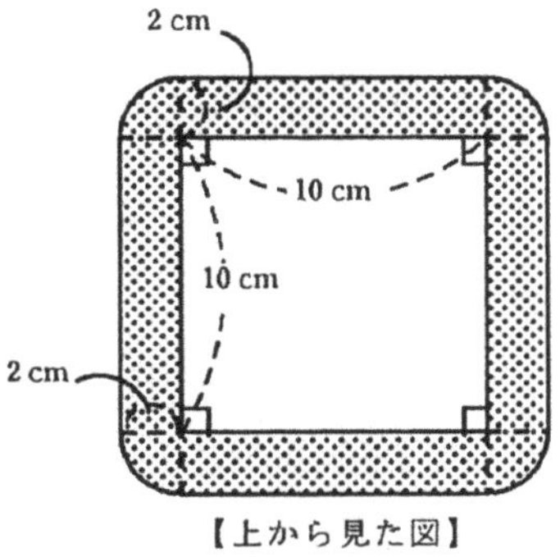

【上から見た図】

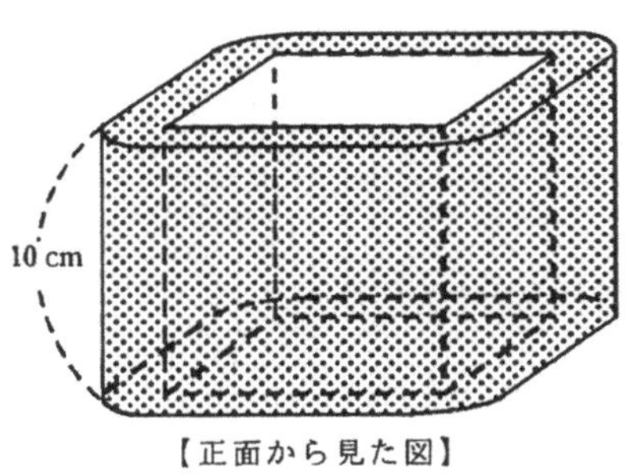

【正面から見た図】

【注意】　答えは全て解答用紙に書きなさい。また、（考え方）とあるところは考え方も書きなさい。

3．A君は家から1200 mはなれた公園に午前8時30分に友達と待ち合わせをしています。午前8時に家を出て、分速80 mで公園に向かっていたところ、出発してから12分後に忘れものに気づきました。そこで、あわてて分速120 mで家にもどりました。家に着いてから、忘れものを見つけて出発するのに4分かかり、今度は自転車で公園に向かいました。公園に着いたのは、待ち合わせの1分前でした。
このとき、次の問いに答えなさい。

(1)　A君が忘れものに気づいたとき、A君は家から何m進んだところにいましたか。

(2)　A君が忘れものを取りに家に帰った時、家に着いた時刻は午前何時何分ですか。

(3)　A君は分速何mで自転車をこいだことになりますか。

【注意】　答えは全て解答用紙に書きなさい。また、（考え方）とあるところは考え方も書きなさい。

4．次の問いに答えなさい。

(1)　折り紙を下の【図１】のように３回折ります。

【図１】

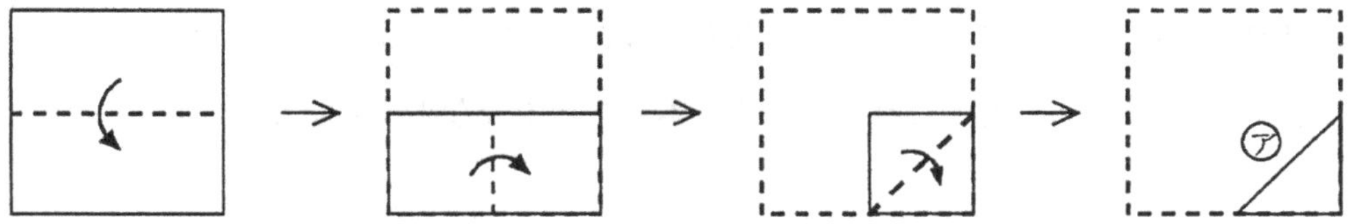

折った折り紙㋐のしゃ線部分を切り落として広げると、どのような形になるでしょう。
次のＡ～Ｆの中から選びなさい。

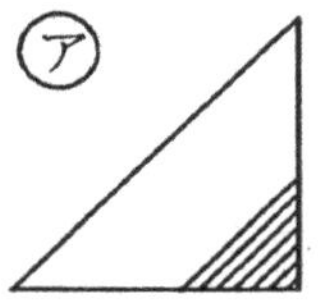

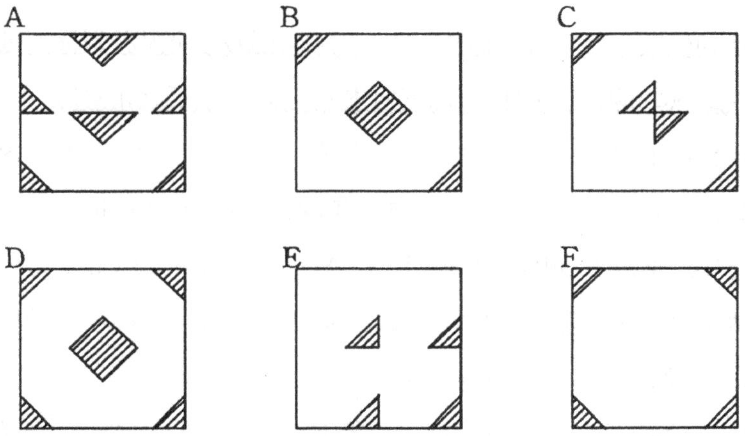

(2)　【図１】のように折った折り紙㋑のしゃ線部分を切り落として広げると、【図２】のように折った折り紙㋒のある部分を切り落として広げたときと同じ形になりました。どの部分を切ったらよいでしょう。
切り落とす部分を解答用紙の図に定規を用いてしゃ線で示しなさい。ただし切り取る部分は１カ所とします。

【図１】

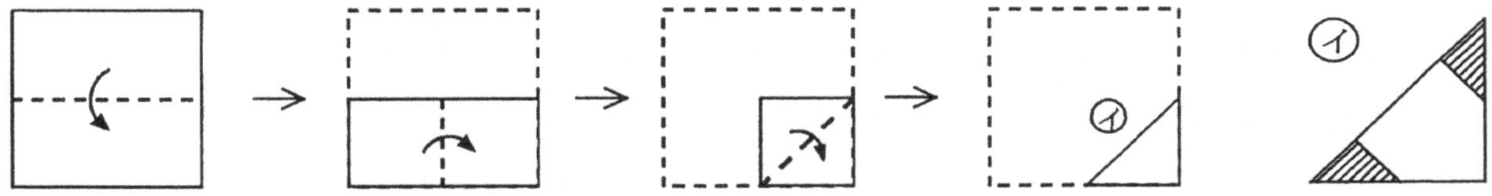

【図２】

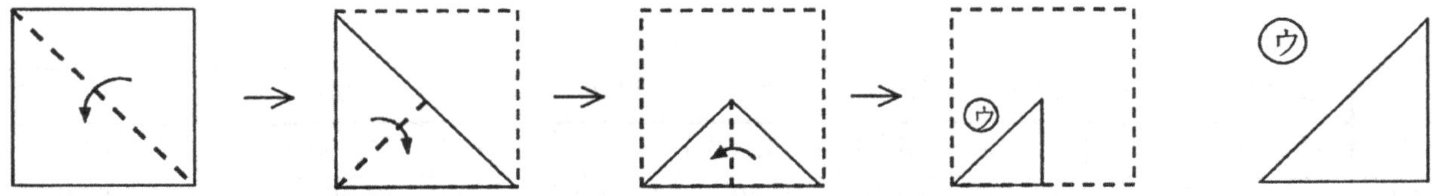

(3)　【図２】と同じように、１辺が12 cmの正方形の折り紙を直角を半分にするように、６回折ります。
折った折り紙㋓のしゃ線部分を切り落とし、広げたときの図形の面積は、何cm^2になりますか。

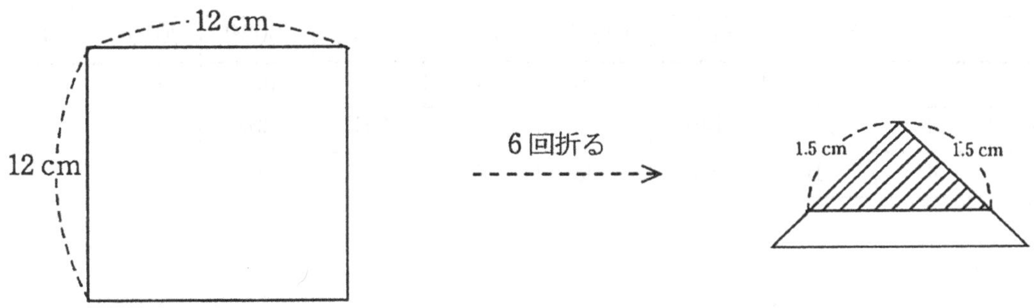

【注意】　答えは全て解答用紙に書きなさい。また、（考え方）とあるところは考え方も書きなさい。

5．　S県に住んでいる中学生のやすおさんときょうこさんは、S県の特産品について話をしています。
次の問いに答えなさい。

やすお　「S県には様々な特産品がありますが、中でも有名なものはお茶ですね。」

きょうこ「そうですね。S県のお茶は日本一といわれています。本当に日本一なのでしょうか。」

～そこで2人は資料を集めて、調べることにしました。～

やすお　「お茶畑の面積を調べることができました。
a日本のすべての茶畑の面積のうち、S県が39%、K県が21%、M県が7%なので、
たしかにS県が、茶畑の面積が日本で一番広いと言えますね。」

きょうこ「日本全国のデータを調べてみるとお茶の生産量、売り上げ共にS県が日本一でした。
ここでは、『(売り上げ)＝(お茶の値段)×(お茶の生産量)』として考えています。
資料1，2がその中の、S県、K県、M県の3県についてまとめたものです。」

やすお　「S県は生産量も売り上げも以前より減っているんですね。なぜ減っているのでしょうか？
お茶を飲む人が減っているからでしょうか？」

きょうこ「私は、S県の祖父母の家に行くと急須《きゅうす》で淹《い》れたおいしいお茶を飲むのですが、家ではあまり飲みません。
以前と違ってコーヒーなどを飲む人が増えているのではないでしょうか？」

やすお　「たしかに急須ではほとんど飲みませんが、ペットボトルのお茶はよく飲みます。
コンビニや自動販売機《はんばいき》で手軽に買えるから、私の家族もよく飲みます。
だから、お茶を飲む人が減ったから、S県の生産量と売り上げが減ったとは言えないと思います。
事実、生産量と売り上げともに、M県に大きな変化はなく、K県は徐々《じょじょ》に増加しています。」

きょうこ「では、なぜS県だけ生産量と売り上げが減っているのでしょうか？
このままでは、S県が日本一ではなくなってしまうかもしれないですね。」

資料1　お茶の生産量の比較《かく》（単位：トン）

	1970年	1975年	1980年	1985年	1990年	1995年	2000年	2005年	2010年	2015年	2020年
S県	44,800	53,000	50,100	48,000	44,100	40,300	39,400	44,100	33,400	31,800	33,400
K県	3,800	10,800	13,600	12,400	13,800	15,400	18,900	23,900	24,600	22,700	28,100
M県	6,510	7,620	7,030	7,200	6,620	6,650	7,410	8,110	7,100	6,830	6,130

資料2　お茶の売り上げの比較《かく》（単位：億円）

	1970年	1975年	1980年	1985年	1990年	1995年	2000年	2005年	2010年	2015年	2020年
S県	367	699	746	778	746	744	735	652	436	306	308
K県	26	88	147	145	175	250	272	302	254	227	290
M県	74	90	118	85	103	92	97	101	78	87	88

【注意】　答えは全て解答用紙に書きなさい。また、（考え方）とあるところは考え方も書きなさい。

問１　やすおさんは、下線部ａのように３つの県のデータのみ示しています。
このデータだけで、S県の茶畑の面積が本当に日本一広いと言えるか、理由もふくめて答えなさい。

問２　S県とK県の2020年のお茶の売り上げは、30年前と比べてそれぞれ何%ですか？
ただし、小数第１位を四捨五入して整数で答えなさい。

問３　やすおさんときょうこさんの会話と資料1，２からS県のお茶の生産量と売り上げが減っている理由を考察しなさい。

2021年度　入学試験問題【国語】　静岡サレジオ中学校　解答用紙

出身小学校

受験番号

名前

一

1

2　ア

3　イ

4　①　②　③　④　⑤　⑥

5　⑦　⑧　⑨

6

7　主語　述語

8

9

10

1．２点
2．２点
3．２点
4．１点×６
5．１点×３
6．２点
7．２点×２
8．２点
9．２点
10．５点

二

1　A　D

2

3　B　C

4

5

6

7

8

9

10

1．２点×２
2．３点
3．２点×２
4．２点
5．５点
6．３点
7．７点
8．３点
9．３点
10．３点

三

1　a　b

2

3

4

5　X　Y

6

という思い。

1．２点×２
2．４点
3．４点
4．７点
5．３点×２
6．８点

※100点満点

※100点満点(配点非公表)

2021年度 静岡サレジオ中学校 入学試験 解答用紙 算数

受験番号		出身学校	小学校	氏名	

※ 数字はていねいに、単位が必要な場合は単位をつけて答えなさい。また、(考え方)とあるところは考え方も書きなさい。

1	①	②	③	④
	⑤	⑥	⑦	⑧
	⑨	⑩		

2	①	②	③
	④	⑤	

3	(1) (考え方) 答：	(2) (考え方) 答：
	(3) (考え方) 答：	

解答らんは裏面に続きます

4

(1)

(2)

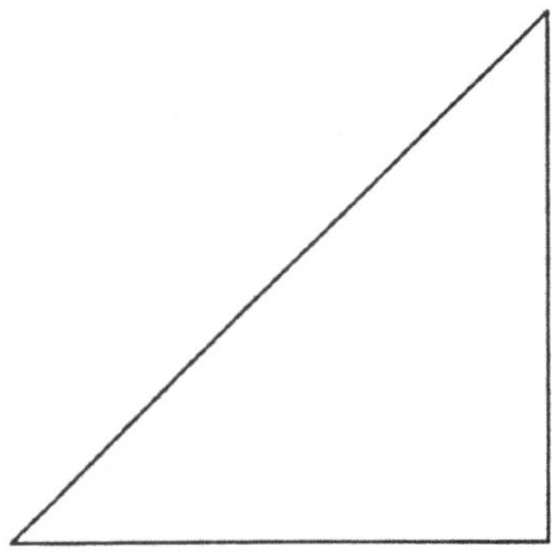

(3) （考え方）

答：

5

(1)

(2) （考え方）

S県：

K県：

(3) （考え方）

静岡サレジオ中学校

２０２２年度入学試験

国語

（50分）

※100点満点
（配点非公表）

受験番号
氏名

K 教英出版

長文冊子の問題文を読み、あとの問に答えなさい。

大問【一】

問一　①〜⑫のことばで傍線部のカタカナを、送り仮名が必要なときは送り仮名を平仮名にして漢字に書き、波線部の漢字で正しいものには○を、まちがっているものには正しい漢字を書きなさい。

問二　次の言葉の中から、（ A ）〜（ D ）に当てはまる言葉を選び、慣用句的表現を完成させなさい。

腰《こし》　足　口　目　頭　雲　水　わら（藁《わら》）　投げ　売ら　曲げ

問三　❶ を三文に分けて書きなさい。

問四　❷ を、文脈は変えずに「庄九郎は」が主語で始まる文に書きかえなさい。

問五　❸ のはっきりとが修飾する言葉を書きぬきなさい。

問六　❹ の述語、簡単だろうに対する主語を書き抜きなさい。

【一】

問一			問二	問三			問四	問五
①	⑤	⑨	A					
②	⑥	⑩	B					
③	⑦	⑪	C					問六
④	⑧	⑫	D					

2022(R4) 静岡サレジオ中
K 教英出版

長文冊子の問題文を読み、あとの問に答えなさい。

大問【二】

問一 [a] ～ [d] に当てはまる言葉を次の中から選び、記号で答えなさい。

(ア) しかし　(イ) なぜなら　(ウ) たとえば　(エ) このように　(オ) また
(カ) もうひとつ　(キ) そのうえ　(ク) つまり　(ケ) では　(コ) さて

問二 □で囲まれた❶～❹の語句の言いかえとして、最も適当なものを次の語群の中から選び、記号で答えなさい。

❶ 一筋縄《ひとすじなわ》ではいかない

(ア) 信念がない
(イ) 一朝一夕にはいかない
(ウ) がまんがきかない
(エ) 筋が通っていない

❷ 頭ごなしに

(ア) 責任者に
(イ) 真っ先に
(ウ) 一方的に
(エ) 面と向かって

❸ あつかましい

(ア) ずうずうしい
(イ) なつかしい
(ウ) おこがましい
(エ) 考えが浅い

❹ お手のもの

(ア) 手に入れたもの
(イ) 手にあまるもの
(ウ) 手がかかるもの
(エ) 手なれたもの

問三　[X]に当てはまるものとして、最も適当なものを次の中から選び、記号で答えなさい。

（ア）アメリカ人が豆腐を食べる
（イ）アメリカ人が牛肉を食べる
（ウ）日本人がマグロを食べる
（エ）日本人がクジラを食べる

問四 ①「そんな危機的な状況」とありますが、ゴリラの棲息《せいそく》を脅《おびや》かしている要因を「――ため」に続く書き方で三つあげなさい。

【二】

問一		問二	
a		❶	
b		❷	
c		❸	
d		❹	

問三	

問四	
	ため
	ため
	ため

長文冊子の問題文を読み、あとの問に答えなさい。

大問【二】

問五　②こうした規則　とはなんですか。書かれている段落の始まりと終わりの五文字を書きぬきなさい。（句読点を含める。）

問六　③「もともと人間が持っている感覚を呼び覚ます効果も期待できます。」とありますが、効果が期待できるのはなぜですか。文中の言葉を用いて五〇字以内（句読点を含む）で答えなさい。

問七　④「おたがいに持っているものがちがう」とありますが、それぞれが持っているものを、だれが何を持っているかわかるように二つに分け、解答らん①、②に書きなさい。

問八　筆者の考える「自然を保全して、自然と共存する」方法を次の中から選び、記号で答えなさい。

（ア）文明国と呼ばれる世界で暮らす人びとが、ザイールの「キンビリキッティ」に参加する。

（イ）アフリカの土地をよく知る地元の人がガイドになり、ゴリラ・ツアーを行う。

（ウ）文明国と呼ばれる世界で暮らす人びとが、森との対話をすることでもともと人間が持っている感覚を呼び覚ます。

（エ）ゴリラの研究をすすめ、現地の人に今のゴリラの頭数と、将来予測される頭数を伝える。

問九　この文章にタイトルをつけるとしたら、次のうちのどれが最もふさわしいかを選び、記号で答えなさい。

（ア）ゴリラ・ツアーの可能性

（イ）ゴリラ保護とブッシュ・ミート文化

（ウ）エコ・ツーリズムという希望の光

（エ）豊かなアフリカの自然で森との対話を

静岡サレジオ中学校

２０２２年度入学試験

国語　　長文冊子

2022(R4) 静岡サレジオ中
K 教英出版

解答はすべて、問題および解答冊子の解答らんに書きなさい。

【一】 次の文章は、中川なをみ著「有松の庄九郎」を読んでの感想です。読んで、問題および解答冊子の問題に答えなさい。

（字数制限のある場合には、句読点なども一字に数えます。）

※ 藍染《あいぞ》め　藍《あい》（植物）を染料《せんりょう》として用いた染物《そめもの》である。

※ 絞《しぼ》り　布の一部を糸でしばり、染料がしみこまないようにすることでもようを作り出すそめかたの技法。

東京オリンピック・パラリンピックのお土産に①デントウ工芸品として手ぬぐいがあった。市松②モヨウの染め物だった。それとはちがうが、私が染め物で真っ先に思い浮かべるのが有松の絞り染めだ。私はその絞り染めのことを「有松の庄九郎」という本で知った。

③マズシイ村に生まれた庄九郎たちは、豊かな④クラシを⑤ユメ見て移住し、有松（現在の名古屋）に土地を切り開いて新しい村をつくった。しかし、そこでも農作物がうまく育たず、名古屋城の城普請《ぶしん》（城を建てること）に出かせぎに行き、人足として働く。庄九郎はそこで、豊後（現在の九州大分）の菊一と知り合う。危ないところを助けられた⑥レイにと、菊一から豊後絞《ぶんごしぼ》りの藍染《あいぞ》めの手ぬぐいをもらう。藍染めと言えば藍色一色のものしか見たことがないのは、なにも庄九郎だけではない。庄九郎はその手ぬぐいを見て、藍染《あいぞ》めの絞《しぼ》りを自分たちの村おこしの産業にしようと考える。現代は、日常的にタオルを使っている。庄九郎の時代は手ぬぐいの時代だ。❶手ぬぐいはだれにとっても必需《ひつじゅ》品だから、安くてどこにもない絞り染めの手ぬぐいならばきっと売れるはずだし、みやげ物であればかさばらず、客にも喜ばれることだろう。そこに目をつけた庄九郎はすごい。

手ぬぐいで村おこしの案を仲間の新助に⑦アツク⑧解くが、新助は「女子《おんなご》どもを相手に商いをするのか。（　A　）をつかむような話だ。」と言ってとりあわない。しかし、庄九郎は新助からいくら疑わしい（　B　）を向けられても、信念を（　C　）なかった。ちょっとやそっとの困難でひるまないのが庄九郎なのだと思う。

庄九郎は、日中は人足仕事をした。そして、夜になると菊一と話しこんだ。❷菊一は庄九郎に絞り染めのやり方をくり返し、こと細かに教えてくれた。❸庄九郎は染め方を何度も聞いているうちに、はっきりと工程のひとつひとつが目に浮かぶようになった。❹木綿は知多、三河の一帯でも、当時は広く栽培されていることもあって、新助が言うように、金があれば、入手は簡単だろう。庄九郎の計画が上手くいきそうで、読んでいる私はわくわくした。ところが、肝心の染料《せんりょう》の藍になると、「藍のことはよく知らねえ。」と、とたんに菊一の（　D　）が重くなる。染め物にくわしくない庄九郎も藍については⑨検討もつかなかった。

⑩キョウリへ帰ったところ、手ぬぐいで村おこしをするという庄九郎の考えは村人たちに⑪指示される。作物が育たない土地で自分たちの「生きる道」として産業をおこした庄九郎たち、先人の⑫功績に深く感銘《かんめい》を受けた。

解答はすべて、問題および解答冊子の解答らんに書きなさい。

【二】次の文章を読んで、問題および解答冊子の問題に答えなさい。（字数制限のある場合には、句読点なども一字に数えます。）

ゴリラは、IUCN（国際自然保護連合）によって、レッドリスト（絶滅のおそれのある野生生物種のリスト）に掲載《けいさい》されています。すでにお話ししたとおり、現在ではニシゴリラは約十万頭、ヒガシゴリラは三千～五千頭しかいない状況です。内戦やレアメタル採掘《さいくつ》の影響《えいきょう》で棲《す》みかがなくなってきているほか、ブッシュ・ミート取引（野生動物の肉を食用のために流通させること）や、エボラ出血熱という病気の流行も、ゴリラを脅《おびや》かしています。

①そんな危機的な状況なので、ゴリラの棲息環境《せいそくかんきょう》を守る手だてをすぐに講じなくてはなりませんが、❶一筋縄《ひとすじなわ》ではいきません。ゴリラと人が敵対することもあるし、ブッシュ・ミート取引の背景には、地元の人たちが昔からゴリラの肉を食べてきたという現実もあるからです。

［ a ］、コンゴ共和国の熱帯雨林のうち、ゴリラが数千頭生存していると推定《すいてい》されている地域で、毎年、約六百頭がブッシュ・ミート取引で失われているという報告もあります。

ぼくはゴリラが好きだから、ゴリラを食べてほしくありませんが、地元の人たちは、［ X ］ように、ゴリラの肉をおいしいと思って食べています。そういう文化を否定《ひてい》するつもりはありません。

［ b ］、いくら頭数が減っているとはいっても、ゴリラが「ぼくらを保全してくれ」と人間に頼んでいるわけではありません。それを、外野から「数が少ないから保全すべきだ！」と❷頭ごなしにいうのは、少々❸あつかましい態度といえるのではないでしょうか。

［ c ］、ゴリラを守るためには、どういう考え方で自然を保全して、自然と共存すればよいのでしょうか。

ゴリラの研究を進め、科学的な見地から、今生きているゴリラの数を現地の人たちに示して、「食べるために狩りつくしたら、ゴリラはあっという間にいなくなってしまいますよ」と伝えるのも、その方法のひとつだと思います。［ d ］、ぼくが期待しているのが「エコ・ツーリズム」による方法です。エコ・ツーリズムとは、その土地をよく知る地元の人自らがガイドとなり、環境《かんきょう》に負担をかけない方法で、その土地特有の自然や歴史・文化をお客さんに楽しみながら学んでもらい、その多様性や価値観を考えるきっかけを見つけてもらえるようなツアーを主催《しゅさい》する。というものです。

2022年度　静岡サレジオ中学校　入学試験　問題用紙　算数　その１

【注意】　答えは全て解答用紙に書きなさい。また、（考え方）とあるところは考え方も書きなさい。

(50分)

１．次の計算をしなさい。ただし、⑨、⑩は□にあてはまる数を答えなさい。

①　937－486－152

②　108÷12×9

③　36－14×15÷30＋5

④　0.7÷1.2

※　商は小数第１位までのがい数で求めなさい。

⑤　1　7　3

⑥　5 × 1 ÷ 1

2022年度　静岡サレジオ中学校　入学試験　問題用紙　算数　その2

【注意】　答えは全て解答用紙に書きなさい。また、（考え方）とあるところは考え方も書きなさい。

2．① 6でわっても8でわっても3あまる整数のうち、200に一番近い数を求めなさい。

② 定価1200円の品物が割引されて、900円になっていました。何%引きになっていたでしょうか。

③ Aさん、Bさん、Cさん、Dさんの4人のテストの平均点は76点です。
Eさんのテストの点数が82点のとき、5人のテストの平均点は何点ですか。

2022年度　静岡サレジオ中学校　入学試験　問題用紙　算数　その3

【注意】　答えは全て解答用紙に書きなさい。また、（考え方）とあるところは考え方も書きなさい。

３．次のように、分数がある規則にしたがってならんでいます。次の問いに答えなさい。

$$\frac{1}{1},\ \frac{1}{2},\ \frac{2}{2},\ \frac{1}{3},\ \frac{2}{3},\ \frac{3}{3},\ \frac{1}{4},\ \frac{2}{4},\ \frac{3}{4},\ \frac{4}{4},\ \frac{1}{5},\ \frac{2}{5},\ \frac{3}{5}\ \cdots\cdots$$

(1)　$\frac{1}{10}$ は、はじめから数えて何番目の分数ですか。

(2)　はじめから数えて100番目の分数はいくつですか

2022年度　静岡サレジオ中学校　入学試験　問題用紙　算数　その4

【注意】　答えは全て解答用紙に書きなさい。また、（考え方）とあるところは考え方も書きなさい。

4．山田さんと中村さんが立体について話しています。

山田：学校で立体について学びました。私たちの周りには、学校で学んだ立体がたくさんあります。
お菓子《かし》が入っている箱やティッシュペーパーの箱、さいころ、缶詰《かんづめ》などいろいろあります。
立体を辺にそって切り開いて平面に広げた図も学びました。中村さん、その図を何と言いましたか。

中村：展開図です。

山田：そうですね。

中村：①山田さん、次の図で立方体の展開図を全て教えて下さい。

A

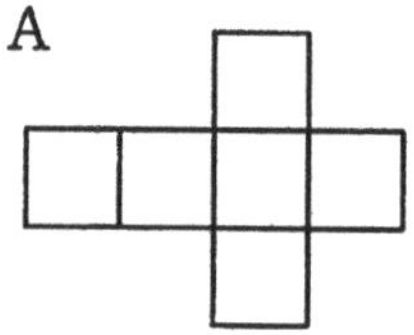

B

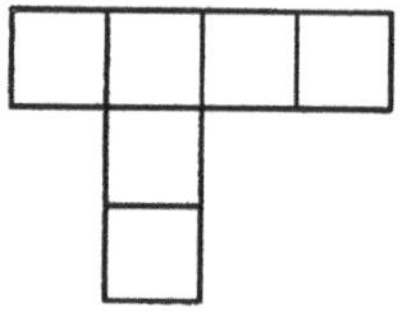

C

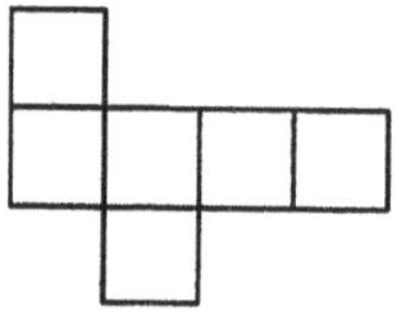

D

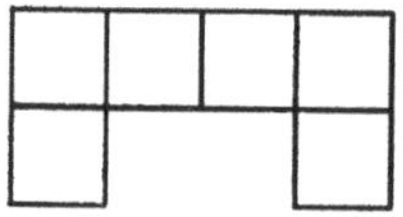

E

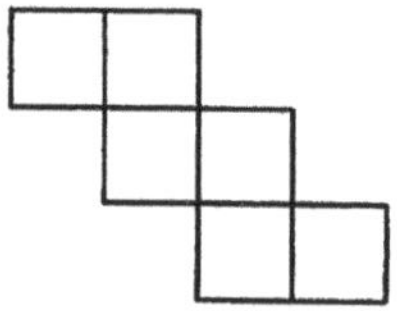

F

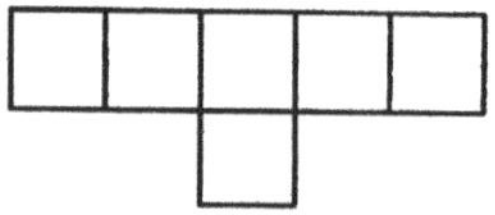

G

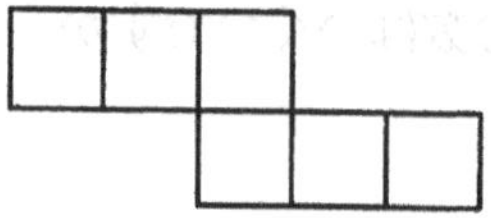

H

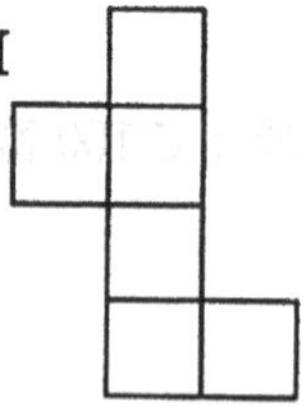

2022年度　静岡サレジオ中学校　入学試験　問題用紙　算数　その5

【注意】　答えは全て解答用紙に書きなさい。また、（考え方）とあるところは考え方も書きなさい。

5．下の表は、駅の近くにある2つのコインパーキングの利用時間帯と料金の関係をそれぞれ表しています。
このとき次の問いに答えなさい。

コインパーキングA

00：00 － 09：00	60分/100円
09：00 － 15：00	30分/200円
15：00 － 22：00	30分/100円
22：00 － 24：00	60分/100円

コインパーキングB

00：00 － 08：00	60分/100円
08：00 － 24：00	40分/200円

※コインパーキングA、Bともに、以下のように利用料金が決められています。

例）コインパーキングAの場合

①10：00 － 10：40の40分間停めた場合　　料金　400円
30分間を超えているため60分間停めたときと同じ料金になる

② 9：45 － 11：40の115分間停めた場合　　料金　800円
①の場合と同じで120分間停めた時と同じ料金になる

静岡サレジオ中学校　２０２２年度入学試験　英語　リスニング　※音声と放送原稿非公表

(30分)

1．この問題は、(1)～(4)の短い英文を聞き、それぞれの内容に合う絵を選ぶ問題です。英文は２回流します。解答はそれぞれ下の①～③のうちから一つずつ選び、その番号を書きなさい。

(1)

①

②

③

(2)

①

②

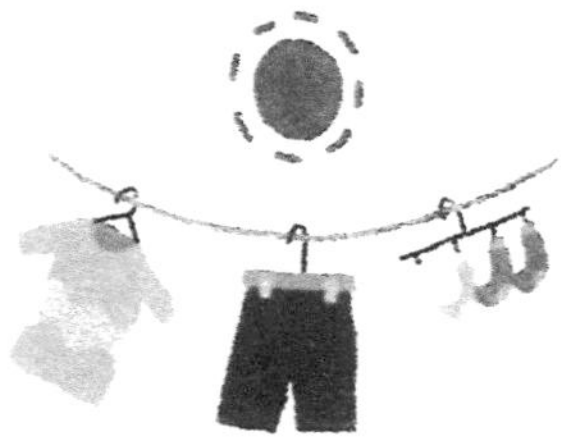

③

この問題は、対話文を聞き、その質問に対して最も適切な答えを選ぶ問題です。対話文と質問はそれぞれ２回流します。解答はそれぞれ下の①～④のうちから一つずつ選び、その番号を書きなさい。

(9)

① At 5:00.　② At 5:30.

③ At 6:00.　④ At 6:30.

(10)

① By bike.　② By bus.

③ By train.　④ On foot.

(11)

① On Tuesdays.　② On Thursdays.

③ On Saturdays.　④ On Sundays.

(12)

① The man.　② The man's sister.

③ The woman.　④ The woman's sister.

１．次の（1）から（12）までの日本文の意味を表すように、空所に入れるのに最も適切なものを①～④の中から一つ選び、その番号を書きなさい。

(1)　私のヒーローは翔平です。彼は良いピッチャーであり、良いバッターです。
My hero is Shohei.　(　　　　) is a good pitcher and a good hitter.
① He　② It
③ She　④ They

(2)　毎日私たちの学校では６時間授業があります。
There are six (　　　　) at our school every day.
① chairs　② classes
③ clubs　④ textbooks

(3)　ドンボスコはみんなに優しいです。
Don Bosco is (　　　　) to everyone.
① big　② delicious
③ exciting　④ kind

(4)　私はいつも夜に宿題をします。
I (　　　　) do my homework in the evening.
① always　② never
③ sometimes　④ well

(5)　この写真を見てください。たくさんの海の生き物が見えます。
Look at this picture.　We can see a (　　　　) of sea animals.
① cup　② lot
③ member　④ pair

(6)　Ａ：このクイズの答えは「切手」ですか。
Ｂ：はい、その通りです。
A : Is the answer to this quiz “A stamp”?
B : Yes, that’s (　　　　).
① course　② hot
③ right　④ sorry

次の（16）から（19）までの場面について、あなたが伝えたいことを表す文を作るために
それぞれ【　　】内から必要なものだけを選び、正しい順に並べかえるとき、適切な表現を
①～④のうちから一つ選び、その番号を書きなさい。
ただし、【　　】内の語句は、文の最初に来る文字も小文字になっています。

(16) クリスマス会の準備で、自信のあるピアノ伴奏に立候補したい

I【 am / at / good / job / playing 】the piano.

① am good at playing
② am good job playing
③ am playing good at
④ am playing good job

(17) スピーチコンテストで、静岡の特産物について話したい

Shizuoka【 care / green tea / famous / for / is 】.

① for care is green tea
② for famous is green tea
③ is care for green tea
④ is famous for green tea

(18) 新しくクラスに入った転校生に、朝の習慣を教えたい

We【 books / in / read / the afternoon / the morning 】.

① read books in the afternoon
② read books in the morning
③ the afternoon read in books
④ the morning read in books

(19) 休み時間、クラスメートに教室の換気をお願いしたい

【 can / I / open / the window / you 】?

① Can I open the window
② Can you open the window
③ Open the window I can
④ Open the window you can

※100点満点
（配点非公表）

2022 年度　静岡サレジオ中学校　入学試験　解答用紙　算数

受験番号		氏名	

※ 数字はていねいに、単位が必要な場合は単位をつけて答えなさい。また、（考え方）とあるところは考え方も書きなさい。

1	①	②	③	④
	⑤	⑥	⑦	⑧
	⑨	⑩		

2	①	②	③
	④	⑤	

【解

4

(1)

(2)

(3)（考え方）

答 辺の数：

(1)（考え方）

(2)（考え方）

静岡サレジオ中学校　２０２２年度入学試験

※50点満点
（配点非公表）

英語　解答用紙

【　リスニング　】

1

(1)	(2)	(3)	(4)

2

(5)	(6)	(7)	(8)

3

(9)	(10)	(11)	(12)

受験番号（　　　　　　　）

氏　　名（　　　　　　　　　　　　　　）

【　リーディング　】

(1)	(2)	(3)	(4)
(5)	(6)	(7)	(8)
(9)	(10)	(11)	(12)

(13)	(14)	(15)

(16)	(17)	(18)	(19)

5		
	答	答
	(3)　(考え方)	
	答　コインパーキング＿＿＿に停めたほうが＿＿＿＿＿＿円安くなる	

3

(1)　(考え方)

答

(2)　(考え方)

答

(3)　(考え方)

答

解答らんは裏面に続きます

２．次の（13）から（15）までの会話について、空所に入れるのに最も適切なものを①～④の中から一つ選び、その番号を書きなさい。

(13) Man : How many boxes do you need?
Woman : (　　　　)

① It's fun.　　② Of course.
③ Three, please.　　④ Yes, I do.

(14) Student : We will go swimming this summer.
Teacher : (　　　　)

① Have a good time.　　② Let's start the class.
③ No, it isn't.　　④ They are eating lunch.

(15) Boy : Excuse me. (　　　　)
Girl : Go straight for two blocks.

① How long is this movie?　　② It's your turn.
③ What sport do you like?　　④ Where is the station?

(7) 私はお父さんと一緒に夕食を作るのが好きです。

I like making dinner (　　　) my father.

① before　　② near
③ under　　④ with

(8) こちらは美術部です。いま彼らは絵を描いています。

This is the art club.　They are (　　　) pictures now.

① cleaning　　② drawing
③ taking　　④ writing

(9) イタリアはいい国です。いくつか美術館を訪れてみてください。

Italy is a nice country.　Please visit some (　　　).

① contests　　② forests
③ museums　　④ seasons

(10) 私はあまり SDGs のことをよく知りません。

I (　　　) know SDGs very much.

① am not　　② do not
③ does not　　④ is not

(11) A：なぜあなたは冬が好きなのですか

B：なぜなら冬にはスキーを楽しめるからです。

A : (　　　) do you like winter?

B : Because we can enjoy skiing in winter.

① How　　② Which
③ Whose　　④ Why

(12) A：家ではどんな家事をするのですか。

B：お皿洗いをします。

A : What housework do you do at home?

B : I (　　　) the dishes.

① walk　　② want
③ wash　　④ watch

※問題は裏面に続きます

２．この問題は、絵を参考にしながら対話文を聞き、そのあとに続く応答として最も適切なものを選ぶ問題です。対話文とそれに続く応答は２回流します。解答はそれぞれ①～③のうちから一つずつ選び、その番号を書きなさい。

(5)

(6)

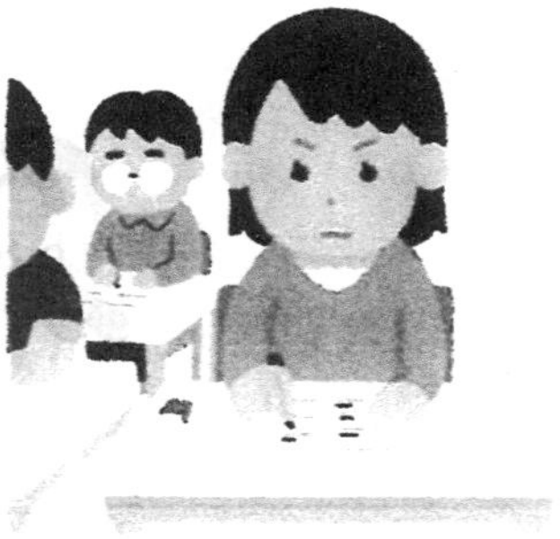

(7)

(8)

(3)

①

②

③

(4)

①

②

③

※問題は裏面に続きます

400 + 500 = 900

(1) コインパーキングＡに16時から2時間10分車を停めたとき、料金はいくらですか。

(2) コインパーキングＢに8時55分から13時32分まで車を停めたとき、料金はいくらですか。

(3) 7時10分から12時間30分車を停めるとき、どちらのコインパーキングに停めるほうがいくら安くなりますか。

山田：中村さんは、どのように求めましたか。

中村：実際に数えてもいいのですが、私は計算で求めました。例えば、頂点の数は、②4×6÷3 を計算しました。

山田：なるほど、立体の特徴《とくちょう》を利用すると計算で求められますね。

中村：もっと複雑な立体でも計算で求められます。山田さんは、サッカーが得意ですね。
下の図のようなサッカーボールは、正五角形が12面と正六角形が20面からできています。
山田さん、③辺の数を計算で求めて下さい。

(1) 下線部①について、立方体の展開図をA～Hからすべて選び、記号で答えなさい。

(2) 下線部②について、なぜ「4×6÷3」で立方体の頂点の数を求めることができるのかを説明しなさい。

(3) 下線部③について、上の図のようなサッカーボールの辺の数を計算で求めなさい。

(3) はじめから100番目までの分数の中に、$\frac{1}{2}$ や $\frac{1}{3}$ のように分子が1である分数と等しい大きさの分数（もともと分子が1である分数自体もふくむ）は全部で何個ありますか。ただし、$\frac{1}{1}$ と等しい大きさの分数は除くものとする。

④　[1]、[2]、[3]、[4] の４枚のカードのうち、３枚を選んで３けたの整数をつくるとき、十の位が２になる整数はいくつできますか。

⑤　下の図は、１組の三角定規を重ねた図です。角アの大きさを求めなさい。

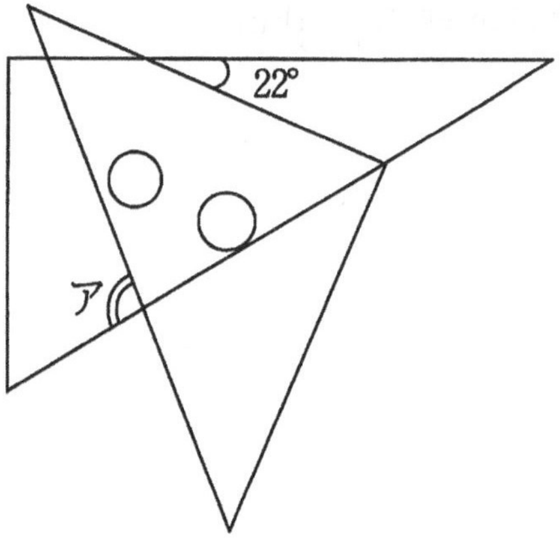

⑦ $2022 \times 2.7 + 1011 \times 4.6$

⑧ $85 \div \left(4 - \frac{3}{5}\right) - \left\{8 \times \left(0.125 + \frac{1}{2}\right)\right\}$

⑨ $\frac{1}{6} \times \left(\frac{1}{2} + \square\right) = \frac{1}{4}$

⑩ 秒速 15 m＝時速□km

基づいたゴリラ・ツアーが行われています。ゴリラ・ツアーでは、六～七名ほどの観光客のグループが、一日一組、一時間だけ、森を訪問することが許されています。観光客は、七メートルほどの距離はおかなければなりませんが、すぐそばでゴリラの群れを観察することができます。野生のゴリラたちの暮らしぶりを見ることができる、とても貴重なツアーなのです。

訓練された地元のガイドからは、森の歩き方や、動物を観察するときのポイントなどを細かく教わり、さらに、大声を出さない、ゴリラに食べ物を与えない、フラッシュをたいて撮影《さつえい》しないといった基本的な禁止事項《じこう》もいいわたされます。ゴミを持ち帰るのは当然のこと、排泄物《はいせつぶつ》もきちんと穴《あな》を掘《ほ》って埋《う》めます。

②こうした規則は、観光客の安全や森に棲《す》む動物や植物を保護するためでもありますが、③もともと人間が持っている感覚を呼び覚ます効果も期待できます。ツアーの間、自然のルールによりそいながら行動することで、都会の生活ではあまり使うことのなかった五感が目覚め、徐々《じょじょ》に働きはじめるのがわかります。自然の中では、木の根や草に足をとられたり、足元にヘビがとぐろを巻いていたり、突然《とつぜん》イノシシが飛び出してくることがあります。そういったことを避《さ》けるために、目や耳や鼻を働かせておく必要があるからです。その結果、森に生きるさまざまな生命と、同調したり対話したりできるようになるのです。

こういう森との対話は、アフリカで自然とうまくつきあってきた人々にとっては❹お手のものです。

ザイールには十歳から十二歳ぐらいの少年たちに、約二～三か月間、大人が森で生きる知恵を教える「キンビリキッティ」という通過儀礼《つうかぎれい》があります。少年たちが、自分の民族の歴史や、猟場《りょうば》のおきて、森の植物やその利用法、危険への対処法などを、実際に森のさまざまなものに触《ふ》れながら学び、生きていくためのすべを身につけるのです。

アフリカの国々は、経済的にはまずしいかもしれませんが、そこには貴重な自然があり、その自然と上手につきあい、そこで生きる知恵を持った人々がいます。一方、文明国と呼ばれる世界にくらす人々は、経済的には豊かでも、豊かな自然とつきあう機会を失いつつあります。④おたがいに持っているものがちがうからこそ、一方通行にならずに、交流しながら学びあうことができます。ぼくが、エコ・ツーリズムが希望の光になると信じている理由はここにあります。

山極寿一著「ゴリラは語る」より

解答はすべて、問題および解答冊子の解答らんに書きなさい。

【三】 次の文章を読んで、問題及び解答冊子の問題に答えなさい。（字数制限のある場合には、句読点なども一字に数えます。）

深澄《みすみ》がとった写真がきっかけで友達になった深澄とチュアンチャイは、チュアンチャイの父親の仕事場をたずねる。しかし、チュアンチャイの父親はすでに引っ越し、行き先もわからないことを事務員の女性から聞かされる。

駅にもどるバスで、チュアンチャイは一言もしゃべらなかった。

深澄も何と言葉をかければいいのか、わからなかった。「今の話、きっとウソよ」などと言っても意味がない。a 太った女性は感じは悪かったが、嘘《うそ》をついているようには見えなかった。

二人とも黙《だま》ったままバスを降り、駅に着いた。深澄は缶ジュースとチョコレートを買ってホームに立つチュアンチャイにさしだした。

チュアンチャイはやっと顔を上げた。黒い瞳《ひとみ》がうるんでいる。泣くのを必死にこらえている。

「・・・ミスミ、ごめんね。おとうさんいなくなったこと電話で聞いたの。言わなかった、ごめんなさい。でも、うそだと思った。ぜったいいる。信じてる。おかあさんとわたし、おいていなくなるなんて信じられない。だからぜったい帰ってくる」

深澄はどう言ったらいいのかわからなかった。チュアンチャイがこんな事情を抱えていたなんて想像さえしていなかった。b あの女性が言ったように、本当に三か月前に父親がいなくなったなら、深澄が初めてチュアンチャイに会ったときには、すでに①そういう状態だったのだ。

チュアンチャイは泣くのをこらえたまま、つぶやいた。

「今からどうしよう」

本当にどうしたらいいのだろう。父親の居場所を探すか、それとも待っていれば、いつか連絡があるだろうか。いやそれよりもチュアンチャイと c 母親は、二人でタイに帰国したほうがいいような気がする。だけどそれよりも、今の問題はチュアンチャイの母親を病院に行かせることだ。でも、お金がない―。

二人は落ち込んだまま上りの電車に乗った。行きと同じで車内はがらがらだったが、乗り換《か》えた後の電車は混んでいた。それ街に遊びに行くらしい若い人や家族連れだった。

途中の駅に着いたとき、チュアンチャイがひざの下でさげるように持っていた袋《ふくろ》が、d 降りていく人の足に強く当たって床に落ちた。ガチャッと音がした。チュアンチャイはあわてて袋を拾い、中をのぞいた。

「②瓶《びん》、割れちゃった？」

深澄がきくと、チュアンチャイはうなずいた。だれがぶつかっていったのかと深澄はドアのほうを見やったが、気にもとめず降りていったのだろう、e それらしい人はもういなかった。ドアが閉まり、電車が再び動き出した。

「もう、ひどいね」

深海は隣《となり》に座っているチュアンチャイに小声で文句を言った。チュアンチャイは何も言わず、袋《ふくろ》の底から外にこぼれていないことを確かめた。

少しして袋《ふくろ》から独特な香りが漂《ただよ》いはじめた。あ、この調味料だったのかと、深澄は思った。香ばしく、それでいて古い漬物《つけもの》のようなすえた感じもする。

「なんかくさくない？」

ふいに斜《なな》め前の手すり棒につかまっていた若い男が言った。

「おれ、屁《へ》なんかしてねえよ！」

笑いながら連れの男が荒っぽい調子で答えた。チュアンチャイはどきりとしたように袋の口をぎゅっとふさいで持ち直した。少し離れたところに立っているf 中年の女性もあたりを嗅《か》ぐように頭を動かした。

「ほんと、いやなにおいがするわ」

「だいじょうぶなのかしら。まさか危ないものじゃないわよね」

g 別の女性も不安そうにあたりを見回した。騒《さわ》ぎになってしまうかもしれない。深澄は急いで顔を上げた。

「さっき、瓶《びん》が割れたんです。人とぶつかって。でもだいじょうぶです。調味料だから。袋からこぼれてないし」

深澄がそう言ってチュアンチュイの持っている袋を指さすと、周囲の人間の視線が一斉に袋に集まり、そのあとすぐにチュアンチャイに移った。肌《はだ》の色、顔の作り、このあたり若い子だったらあまり着ないようなタイプのジーンズに、濃いピンクのトレーナー。昼間の明るい車内で見れば、一目で日本人じゃないとわかる。

③「あぁ」

h 一人の女性がいかにも納得したという声をだした。他の人たちもその言葉を契機《けいき》にしてチュアンチャイから視線をはずした。みんな電車の揺《ゆ》れに合わせてごく自然に半歩ずつ下がり、チュアンチャイの前にだけ、ぽっかりと空間ができた。

いやなにおいだと思われたのならしかたない。深澄はそう思った。深澄の舌《した》の記憶《きおく》では、この香りとチュアンチャイの作ってくれる辛《から》くて酸っぱい料理のおいしさが結びついている。だからいやだとはまったく思わない。でも、食べたことのない人ならそう思ってもしかたないのかもしれない。

だが、次の駅に着いてもその次の駅に着いても、あたりの人が少しずつ入れ替《か》わっても、チュアンチャイの前の空間はずっと続いた。それは満員の車内でいかにも不自然な空間だった。深澄はしだいに苛立《いらだ》ってきた。

ちょっと大げさではないか。もしもこれが日本の食べ物でもそうするのだろうか。日本の食べ物にも強烈《きょうれつ》なにおいのものはいくらだってある。

チュアンチャイを見ると、においをもらさないようにするように袋の口をぎゅっと握《にぎ》りしめ、肩をすぼめてうつむいている。父親の失踪《しっそう》がはっきりして、父親へのみやげも割れてしまった・・・。④深澄はいたたまれなかった。

「ちょっと押さないでよ、これ以上前には行けないんだから」

声がした。見ると斜《なな》め前に i 立っている女性だ。チュアンチャイのほうに向かって後ろから押されたらしい。押したのは自分の子供らしく、その子に振り返って言ったようだ。が、これ以上前に行けないというのは⑤嘘《うそ》だ。チュアンチャイの前には人が一人立つことのできる十分な空間がある。

深澄ははっきりと意識した。

はじかれているんだ―。

とたん、胃のあたりが熱くなった。煮《に》えたぎったへどが胸をかけのぼってくる。j 今の女にこのへどを吐《は》きかけてやりたい。さっき「あぁ」と納得した k おばさんにも、その前の若い男らにもだ。いや、この車両に乗り合わせた乗客全員に向かって、口から噴《ふ》き出し吐《は》きかけてやりたい。

⑥行き場のない黒いへどは、深澄ののどをのぼり、頭蓋骨《ずがいこつ》の中をたちまちいっぱいに満たす。頭がぱんぱんにふくれあがり、しまいには痛みだす。

いるのはチュアンチャイなのか自分なのか、もうわからなかった。

魚住直子著「象のダンス」より一部抜粋

【二】

問五

はじめ

～終わり

問六

五〇字

問七

①

②

問八

問九

長文冊子の問題文を読み、あとの問に答えなさい。

大問【三】

問一　傍線部　b あの女性　j 今の女　k おばさん　それぞれに一致する人物を a ～ h の中から選び、記号で答えなさい。

問二　①「そういう状態」とありますが、どんな状態ですか。文中の言葉を使って説明しなさい。

問三　②「瓶、割れちゃった？」とありますが、割れた瓶には何が入っていましたか。文中から三文字の漢字の言葉を書き抜きなさい。

問四　③「あぁ」と言っていますが、何に納得して言ったのですか。最も当てはまるものを次の中から選び、記号で答えなさい。

（ア）　人とぶつかって、瓶が割れたという深澄の説明
（イ）　チュアンチャイの外見や服装からわかること
（ウ）　いやな匂《にお》いの原因
（エ）　タイ人のチュアンチャイが父親を探していること

問五　④「深澄はいたたまれなかった。」とありますが、なぜですか。次の中から最も当てはまるものを一つ選び、記号で答えなさい。

（ア）チュアンチャイが作ってくれる辛《か》くて酸っぱいタイ料理はおいしいと思うが、となりに並んで座り、混んでいる電車の中で独特の香りをずっと嗅いでいなくてはならないから。

（イ）電車の乗客に、袋の中で割れた瓶に入っていたのは調味料で安全であることを伝えたのに、チュアンチャイの前に乗客が立とうとしないから。

（ウ）今から街に遊びに行こうとおしゃれをしている乗客がたくさんいる車内で、このあたりの若い子だったらあまり着ないような服装をしているチュアンチャイがかわいそうで見ていられないから。

（エ）このあと失踪した父親を見つけても、せっかくみやげに持ってきた瓶は割れてしまって渡すことができず、肩をすぼめてうつむくチュアンチャイが、かわいそうで見ていられないから。

問六　⑤「嘘だ。」とありますが、だれが、だれにどんな理由でついた嘘ですか。また、本当のところはどうだったのですか。

【三】

問一	問二	問三	問四	問五	問六
b					
j					
k					

長文冊子の問題文を読み、あとの問に答えなさい。

大問【三】

問七 ⑥「行き場のない黒いへど」とありますが、それは何ですか。次の中から最も当てはまるものを一つ選び、記号で答えなさい。

（ア）混んだ電車に揺《ゆ》られ、古い漬物《つけもの》のようなすえた臭《くさ》い匂《にお》いをずっと嗅《か》いでいたので気分が悪くなり、胃のあたりからのぼってきたもの。

（イ）父親に渡そうと大事に持っていたチュアンチャイの瓶《びん》を割っておきながら気にもとめず降りていった乗客にむけた怒り。

（ウ）自分たちは匂《にお》いがもれないように配慮《はいりょ》し「いやなにおいだと思われたのならしかたない」と他の乗客に対して理解を示しているのに対し、他の乗客は言葉や視線、態度で自分たちをないがしろにしていることに対しての怒《いか》り。

（エ）「今からどうしよう」と途方に暮れているチュアンチャイが、他の乗客から外国人だという理由ではじかれていることに対する怒り。

問八 この物語の中心人物はだれですか。あなたの考えの根拠となる部分を文中から抜き出し、百字以内で説明しなさい。

【三】

問七

問八

一〇〇字

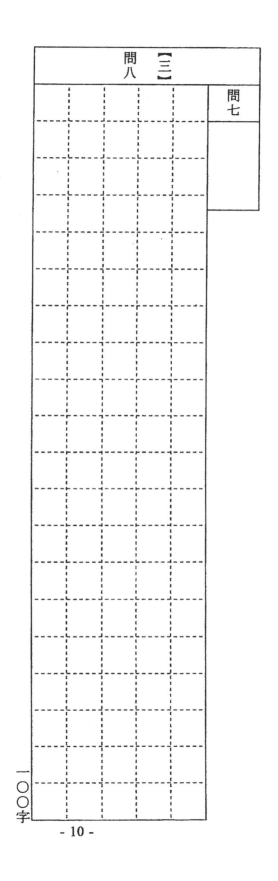

2023年度　入学試験問題　国語　その1　静岡サレジオ中学校

（50分）

【一】　次の①～⑤の文の――線部のカタカナを漢字に直しなさい。

①ケンコウな生活を心がける。　②シイク係として動物の世話をする。　③本をシュッパンする。

④牛肉をユニュウする。　⑤自宅に友人をショウタイする。

【二】　次の①～⑤の文の――線部の漢字をひらがなに直しなさい。

①自分の行動を省みる。　②樹木を大切にする。　③彼はいつも快く引き受けてくれる。

④貴重な資料を集める。　⑤機械を操作する。

【三】　次の①～⑤の二字熟語の説明として正しいものを次のア～キから選び、それぞれ記号で答えなさい。

①勝敗　②日照　③決心　④特急　⑤守護

ア　意味の似た漢字を組み合わせたもの　　イ　意味が反対または対になる漢字を組み合わせたもの

ウ　上の字が下の字を修飾《しゅうしょく》するもの　　エ　下の字が上の字を修飾するもの

オ　主語と述語の関係にあるもの　　カ　上に打消しの漢字がくるもの

キ　長い熟語が省略されてできたもの

【四】　次の各文中から、それぞれ主語、述語にあたる言葉を見つけ、その記号を答えなさい。なお、それにあたる言葉がない場合には✕印を書きなさい。

①　ア彼の　イ一番上の　ウお姉さんは　エとても　オ静かだ。

②　ア昨日、　イテストに　向けての　ウ勉強を　エ三時間も　オした。

③　クラスの　ア皆に　イ彼は　ウ一番　エ足が　速いと　オ言われている。

④　アとても　イ寒い、　一月の　ウ早朝の　エ中学校の　オ体育館は。

⑤　ア日曜日、　イ私も　ウ彼と　エ一緒に　図書館へ　オ行きます。

【五】　次の文章を読んで、あとの問いに答えなさい。なお問題に字数の指定がある場合は、句読《くとう》点（「。」や「、」）や「　」（かぎかっこ）も一字として数えること。また文章中の言葉を解答欄《かいとうらん》に書くとき、その言葉にふりがながあっても、解答にふりがなをつける必要はありません。

私たちは、対人コミュニケーションにおいて、X自分の思いを伝えるための（注1）チャンネルを大きくは3つ持っているといわれています。

1つ目は「言葉」のチャンネルです。私たちは、動物の中で唯一《ゆいいつ》言語を持っていますから、言葉を通じて思いを伝えたり、受け取ったりすることが可能です。

そして2つ目が「身体」のチャンネルです。これは（　a　）から入ってくる情報です。その人の身だしなみによって「きちんとした人」「だらしない人」と判断したり、机に座《すわ》った姿勢《しせい》や態度をみて、嬉《うれ》しいのか、悲しいのか、悔《くや》しいのか察することができます。私は表情に関する研究をしていますので、表情が与えるコミュニケーションへの影響《えいきょう》についてはことさら気になるところです。

最後が「声」のチャンネルです。これは、（　b　）から入ってくる情報です。声の大きさや力強さ、トーンの高低などです。どんなに良いスピーチでもY小さな声でぼそぼそと話しては、自信がないように映ります。また、ちょっと元気がない時は、声のトーンも低くなりがちです。①電話に出た瞬《しゅん》間の「もしもし」で「何かあったの」と心配されたりすることもよくありますよね。

このうち「言葉」を使ったコミュニケーションを言語コミュニケーションといい、「身体」「声」を使ったコミュニケーションは、言語以外で行うコミュニケーションという意味で非言語コミュニケーションといわれています。

このように相手が目の前にいて行う対人コミュニケーションでは、意識してもしなくてもこの３つのチャンネルを使って、相手の思いを受け取ったり、自分の思いを伝えたりしています。コミュニケーションというと、「言葉」を介《かい》して行うもの、という印象があるかと思いますが、実は②それだけではないのです。この３つのチャンネルが相互《そうご》に（注２）補《ほ》完し合いながら、的確に相手に意図を伝えています。

Ａ、（注３）ファミレスでうっかりテーブルに水をこぼした店員さんが、「大変申し訳《わけ》ございません」と言葉では謝っているにもかかわらず、語尾も強く、お辞儀《じぎ》もせずにふてくされた表情を浮《う》かべていたらどうでしょう。③謝罪の気持ちが伝わるとは到底思えません。

このように言っていること（言語）と伝え方（非言語）にギャップがあると、この人本当のことを言っているのかな？と相手に対して懐疑《かいぎ》的になります。

そして、Ⅰは意識的に操れますが、Ⅱは思いのほか本音が出やすいので、意識しないと「私は悪くないのに。あなたが手を出してきたからこぼれたのよ。面倒《めんどう》くさい」というような思いが、Ⅲによって相手に伝わってしまうのです。

逆に、言葉は「すみません……」でも、深々とお辞儀し、本当に申し訳なさそうな表情を浮かべていたら、それでも充分に謝罪の気持ちは伝わるものです。わかりやすく少し大げさに書きましたが、私たちはついⅣに頼《たよ》るあまり、それをどう伝えるかに注意を払《はら》えていないことも多いのです。

そのようにコミュニケーションにおいては、意識しても無意識でも、言葉だけでは伝えられない思いを④３つのチャンネルで補完し合っています。このチャンネルが少なくなればなるほど、当然のことながら、的確に思いをやり取りすることは難しくなってきます。「身体」チャンネルが減ったコミュニケーションといえば、何を思い浮かべますか。そう「電話」です。表情や身振《ぶ》り手振りが伝わりませんから、「言葉」と「声」のチャンネルを駆《く》使する必要が出てきます。最近では、スカイプなど、「身体」のチャンネルを補《おぎな》う（注４）ツールも出てきました。

Ｂ「身体」と「声」のチャンネルが減り、言葉だけのコミュニケーション、といえば、すぐに思いつくのは、日常的に使っているメールやＬＩＮＥなどの（注５）ＳＮＳだと思います。ですから、⑤この便利なツールはコミュニケーションを取る上でも最も難易《なんい》度が高いことを理解してください。

目の前にいる友達に「ごめんね」とひと言で済《す》むことも、ＳＮＳだと付け加えなければ伝わらないことも多そうです。絵文字やスタンプのないＳＮＳを想像してみてください。これは、かなり使いづらそうです。絵文字やスタンプはただかわいいだけではなく、言葉だけでは伝わらない微妙《びみょう》なニュアンスを伝えるために実は非常に重要な役割を果たしているのです。

⑥非言語のコミュニケーションの重要性を知ってもらえたでしょうか。自分の思いと表情は一致していますか。相手の話をきく時につまらなそうな態度をしていませんか。あらためて振り返ってみましょう。

（問題作成の都合上、一部表現を改めました。安部博枝『自分のことがわかる本』岩波ジュニア新書より）

2023年度 入学試験問題 国語 その3 静岡サレジオ中学校

（注1）チャンネル・・・経路。道筋。ルート。
（注2）補完・・・不十分なものを補って完全なものにすること。
（注3）ファミレス・・・ファミリーレストランの略。
（注4）ツール・・・道具。
（注5）SNS・・・ソーシャル・ネットワーキング・サービスの略。個人間のコミュニケーションを促進《そくしん》し、社会的なネットワークの構築《こうちく》を支援《えん》する、インターネットを利用したサービスのこと。

問一 ――部X「自分の」Y「小さな声で」が修飾している部分を一文節でそれぞれ抜き出しなさい。

問二 空欄A・Bに入る言葉を次から選び、記号で答えなさい。

ア しかし　イ そして　ウ つまり　エ 例えば

問三 空欄a・bには体の一部分が入ります。それぞれ漢字一字で答えなさい。

問四 ――部①「電話に出た瞬間の『もしもし』で『何かあったの』と心配されたりすることもよくありますよね」とありますが、なぜ心配されたりするのですか。最も適切なものを次から選び、記号で答えなさい。

ア 「もしもし」という言葉は、他人行儀《ぎょうぎ》で友達同士の言葉ではないから。
イ 声の調子がいつもと違い、体調が悪いのではないかと思ってしまうから。
ウ 小さな声でぼそぼそと話されると、自信がないように思ってしまうから。
エ 低い声だと、何だかこちらが怒《おこ》られているような気がしてしまうから。

問五 ――部②「それだけではないのです」とありますが、それとはどういうことですか。文中の言葉を使って二十五字以上三十字以内で答えなさい。

問六 ――部③「謝罪の気持ちが伝わるとは到底思えません」とありますが、それはなぜですか。最も適切なものを次から選び、記号で答えなさい。

ア 水をこぼしたという失敗は、いくら言葉で謝っても取り返しがつかないから。
イ 水をこぼしたという失敗は、それほどたいしたものではなく謝る必要もないから。
ウ 水をこぼした店員の言葉が、一度だけであり、何度も謝っているわけではないから。
エ 水をこぼした店員の言葉が、形だけのものであり、誠意がこもっていないから。

問七 空欄Ⅰ～Ⅳに入る組み合わせとして正しいものを後から選び、記号で答えなさい。

ア Ⅰ非言語　Ⅱ言葉　Ⅲ言葉　Ⅳ非言語
イ Ⅰ言葉　Ⅱ非言語　Ⅲ言葉　Ⅳ非言語
ウ Ⅰ言葉　Ⅱ非言語　Ⅲ非言語　Ⅳ言葉
エ Ⅰ非言語　Ⅱ非言語　Ⅲ言葉　Ⅳ言葉

問八 ――部④「3つのチャンネル」とはそれぞれ何ですか。本文中から3つ抜き出しなさい。

問九 ――部⑤「この便利なツールはコミュニケーションを取る上でも最も難易度が高いことを理解してください」とありますが、その理由として適切でないものを一つ選び、記号で答えなさい。

ア ほとんど「言語」だけのコミュニケーションの手段であるから。
イ 非言語を使わないコミュニケーションの手段であるから。
ウ 相手の表情などがわからないコミュニケーションの手段であるから。
エ 高度な知識を必要とするコミュニケーションの手段であるから。

問十 ――部⑥「非言語のコミュニケーションの重要性」とありますが、非言語コミュニケーションはなぜ必要なのですか。本文中から三十字以内で抜き出しなさい。

2023年度 入学試験問題 国語 その4 静岡サレジオ中学校

【六】 次の文章を読んで、あとの問いに答えなさい。なお問題に字数の指定がある場合は、句読点（「。」や「、」）や「　」（かぎかっこ）も一字として数えること。また文章中の言葉を解答欄に書くとき、その言葉にふりがながあっても、解答にふりがなをつける必要はありません。

「やめさせてください。」

若い教師はぐいと肩をはり、両足をふんばって勧告《かんこく》した。こめかみがピクピクしている。

「ぜひとも、なんとしても、断固、あれを（ア）ヤめさせてください。さもなければ（イ）ヤめさせてください。」

権藤《ごんどう》教頭は、机の上の書類ばさみをなんとなくいじくりながら、考えた。ヤめさせてください、とヤめさせてください、か。そこで言った。

「宮崎《みやざき》先生、あなたは、今おっしゃった言葉を漢字で正確に書くことができますか。」

わきたつ怒《いか》りという熱湯に水をさされて、①宮崎教師はまばたきをした。ビックリ水というやつだ。権藤教頭は思った。中華《ちゅうか》そばをゆでるときには途《と》中でさし水することを忘れてはいけない。そのあともうひと煮立《にだ》ちさせたら火を止めるのがコツだ。

だが、宮崎教師は中華そばではない。②怒りはまたふつふつとわきあがり、止まらなかった。吹《ふ》きこぼれてきた。

「教頭は私を馬鹿《ばか》にしている。」と、こぶしをにぎる。本当に顔が紅潮《こうちょう》している。

「そんなことはありません。気にさわったなら申しわけない。私はこのところ、子供たちの書き取りの成績の低下に頭を痛めているので、つい口に出してしまったのです。」

ていねいに申しのべる。宮崎教師の憤激《ふんげき》はだらだら坂を描《えが》いて降下していくが、態度は硬化《こうか》したままだ。「降下」と「硬化」。なるほど。

権藤教頭が今言ったことは、百パーセント真実ではないにしても、まったくの嘘《うそ》でもなかった。教頭は現実に、宮崎教師のクラスで起きた③書き取り事件を思い出していたのである。

二学期最後の国語の授業のときだから、一か月ほど前のことだ。宮崎教師は、彼の担任する六年一組の子供たちに対して、同音異義《どうおんいぎ》語のテストをとりおこなった。問いは十二問。ひらがなで読みを書かれている言葉に漢字を当てていくというもので、その読みに該《がい》当する同音異義語の数は、あらかじめ問いの下に数字で示してある。だから子供たちは、同音異義語を正しく漢字で書きとるということができる前に、まずそれだけの数の同音異義語を知り、記憶《おく》していないと、満《まん》点はとれない。

問題になったのは、そのなかの一つ、「こうがい」だった。この問いの下には、同音異義語の数は十個あると示してあり、例として「慷慨」が挙《あ》げてあった。つまり、子供たちはあと［Ⅰ］つを考えなければならないわけである。もちろん、辞書を使ってはいけない。

「公害」と「郊外」。ここまではクラスの八割の子供がクリアした。「口外」までとなると六割に落ちた。さらに「校外」「鉱害」「構外」まで［Ⅱ］つをうめることができた子供になると、二十六人中十二人になった。それだけでも権藤教頭はおどろいたものだが、あと[Ⅲ]つ、「梗概」と「口蓋」までクリアした子供が一人いたことを知って、今度は素朴《そぼく》に感心した。

しかし、これではあと一つ足りない。その最後の一つに、六年一組の子供たちは、文字どおり頭をひねったにちがいなかった。A白状すれば、権藤教頭もけんめいに考えて、とうとうそらでは思いつくことができなかったのだ。

六年一組に、満点の子供はいなかった。宮崎教師は、解答と採点したテスト用紙を配りながら、子供たちをB罵倒《ばとう》した——という（「罵倒」という表現は、あとで六年一組の子供の一人が使った言葉だ。権藤教頭は、この子たちのボキャブラリ—の豊かさに、④また感心させられた）。

「こうがい」の最後の一つは「蝗害」だったのだ。つまり、イナゴの害のことである。もう一度白状すると、そのことを確認するのに、教頭は辞書をひいた。

このテストのあと、⑤子供たちは即座《そくざ》にブーイングをはじめた。サヨナラ押し出しを演じたピッチャーに対するような、盛《せい》大にしていっせいのブーブーは、百万のイナゴの大群の羽ばたきのようにとどろき、権藤教頭の耳にも届いた。

教頭の執務《しつむ》室で話しあいをしたとき、宮崎教師は言いきったものだ。

「私は当然の学力を求めただけです。」

「しかし、私も書けませんでしたよ。私も（注1）落第ですかな。」

権藤教頭の問いに、宮崎教師は単語で答えた。すなわち、「ふん。」

あのときのことを思い出すと、権藤教頭はいささか気が重くなる。怒っている子供たちを——それも、きわめてすじの通った理由で怒っている子供たちをなだめるのは、大変な作業だった。

今度もまた、⑥同じことをせにゃならんかな。⑦いや、しかし——。

書類ばさみを机に戻し、教頭はごつい手の指を組んだ。一年生と二年生の子供たちに、「きょうかいが　ありました」の指遊びを教えるときと同じような形に。子供たちに遊び歌や物語を語って聞かせることは、権藤教頭が特別に勝ちとったカリキュラムなのだ。

「子供たちの好きにさせるわけにはいきませんかな。」

「絶対にだめです。」宮崎教師は力みに力んだ。「断固、許しません。」

「しかし、⑧六年生の卒業研究の課題は、原則として自由なはずですよ。」

「しかし、その課題が常識の範《はん》囲を（注2）逸脱《いつだつ》していたら、話は別です。」

（問題作成の都合上、一部表現を改めました。宮部みゆき『サボテンの花』より）

（注1）落第・・・試験などで成績が一定の基準に達せず、通過できないこと。

（注2）逸脱する・・・決められた枠から外れること。

問一　——部ア・イのカタカナに当てはまる漢字を本文中からそれぞれ一字で抜き出しなさい。

問二　——部A「白状する」B「罵倒する」の本文中での意味をそれぞれ選び、記号で答えなさい。

A　ア　秘密を述べる　イ　無知を述べる　ウ　自信をもって言う　エ　正確に言う

B　ア　適当に説明する　イ　はげしくけなす　ウ　ていねいに教える　エ　軽く馬鹿にする

2023年度 入学試験問題 国語 その6 静岡サレジオ中学校

問三 ――部①「宮崎教師はまばたきをした」とありますが、その時の宮崎教師の気持ちとして最も適切なものを選び、記号で答えなさい。

ア 突然話題をそらされたように感じ、おどろいた。
イ 突然水をかけられ、目に何か入ったように感じた。
ウ 国語の教師の知識を問われ、やる気が出てきた。
エ 自分の目の前にいるのがだれなのかと、確かめた。

問四 ――部②「怒りはまたふつふつとわきあがり、止まらなかった」とありますが、その理由として適切でないものを一つ選び、記号で答えなさい。

ア 教頭に自分が馬鹿にされていると感じたから。
イ 教頭がまともに話を聞こうとしていないと感じたから。
ウ 国語の教師なのに漢字を知らないと思われていたから。
エ 自分が怒っていることを理解していないと思ったから。

問五 ――部③「書き取り事件」とありますが、次の文はその内容を表すものです。（①）～（③）に入る言葉を本文中から探し、それぞれの字数に合わせて抜き出しなさい。

二学期最後の（①二字）の授業で（②四字）語のテストが行われ、担任の先生が残り一つの（③二字）の字を書けない生徒たちを罵倒し、彼らがブーイングをはじめたという事件

問六 空欄Ⅰ～Ⅲに入る数字を漢数字で書きなさい。

問七 ――部④「また感心させられた」とありますが、その理由として最も適切なものを選び、記号で答えなさい。

ア 「罵倒」という言葉を漢字で書ける子供がいると思わなかったから。
イ 「罵倒」という意味を理解している子供がいるとは思わなかったから。
ウ 担任の教師に面と向かって意見を言う小学生がいるとは思わなかったから。
エ 正しくないものは正しくないと言うことができる教師がいるとは思わなかったから。

問八 ――部⑤「子供たちは即座にブーイングをはじめた」とありますが、その理由として適切でないものを一つ選び、記号で答えなさい。

ア あまりにも難しい漢字で、そのような字を小学生六年生が書けるわけがないから。
イ 大人でも書けない漢字で、辞書をひかないと分からないような字であるから。
ウ イナゴの漢字を知らないと書けない字で、あまりにも不適切であるから。
エ 担任の先生が満点を取らせないために、ありもしない漢字を出題したから。

問九 ――部⑥「同じこと」とありますが、どういうことですか。本文中の言葉を使い、二十五字以上三十字以内で書きなさい。

問十 ――部⑦「いや、しかし――」とありますが、「――」の部分にはどのような言葉が続くと考えられますか。本文中の意味に即して書きなさい。

問十一 ――部⑧「六年生の卒業研究の課題」と本文中にありますが、この小学校では毎年六年生が卒業研究の課題をクラスごとに行っています。この課題のように、あなたが熱心に取り組んできた課題を具体的に一つあげて、以下の説明・条件に即して一〇〇字以内で書きなさい。

① 小学六年生だけの課題ではなく、小学校六年間の中ならば、いつ・どのような課題でも構いません。
② 課題の内容を一つだけあげ、具体的に説明しなさい。
③ その課題を通じて自分自身が成長したことを必ず書きなさい。
④ 書き出しは一マス目から書きなさい。
⑤ 段落わけはしてはいけません。

2023年度　静岡サレジオ中学校　入学試験　問題用紙　算数　その1

【注意】　答えは全て解答用紙に書きなさい。また、（考え方）とあるところは考え方も書きなさい。

（50分）

1．次の計算をしなさい。ただし、⑨、⑩は□にあてはまる数を答えなさい。

①　$524+871-936$

②　$252\div14\div6$

③　$61+16\times9\div6-66$

④　$0.35\div0.49$

※　商は上から2けたのがい数で求めなさい。

⑤　$\frac{11}{18}-\frac{4}{9}+\frac{5}{6}$

⑥　$\frac{8}{9}\div1\frac{1}{7}\div2\frac{1}{3}$

⑦　$2023\times2022-2022\times2021$

⑧　$18-14\div\left(\frac{1}{3}+0.25\right)\times0.75$

⑨　$89-4\times\left\{\left(62-\square\right)\div3\right\}=17$

⑩　1日7時間20分23秒＝□秒

2022年度　静岡サレジオ中学校　入学試験　問題用紙　算数　その2

【注意】　答えは全て解答用紙に書きなさい。また、（考え方）とあるところは考え方も書きなさい。

２．① たて48 cm，横72 cmの長方形の紙を同じ大きさの正方形に切り分けて、あまりが出ないようにします。
正方形をできるだけ大きくするとき、1辺の長さは何cmですか。

② 分数$\frac{1}{7}$を小数になおしたとき、小数第100位の数はいくつですか。

③ 右の柱状グラフは、山田さんのクラス全員のソフトボール投げの記録をまとめたものです。山田さんの記録は25 mでした。山田さんの記録は投げた距離《きょり》が長い方から数えたとき、何番目から何番目の間にいると考えられますか。

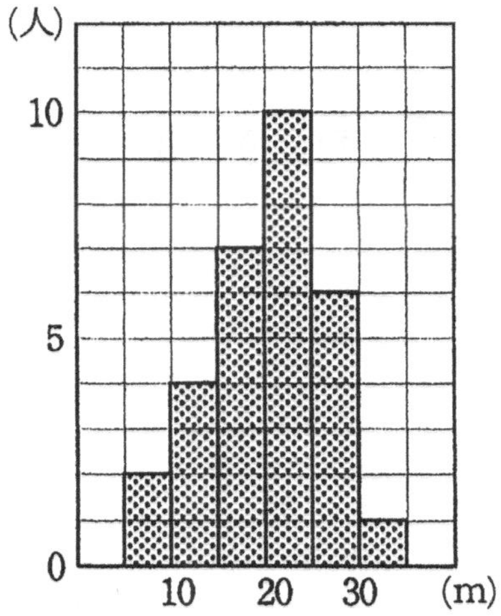

④ 100円玉1まい、50円玉3まい、10円玉4まいを全部または一部を組み合わせてできる金額は全部で何通りありますか。

⑤ 右の図は直角三角形とそれぞれの辺を直径とする3つの半円を組み合わせた図形です。
このとき，しゃ線部分の面積を求めなさい。

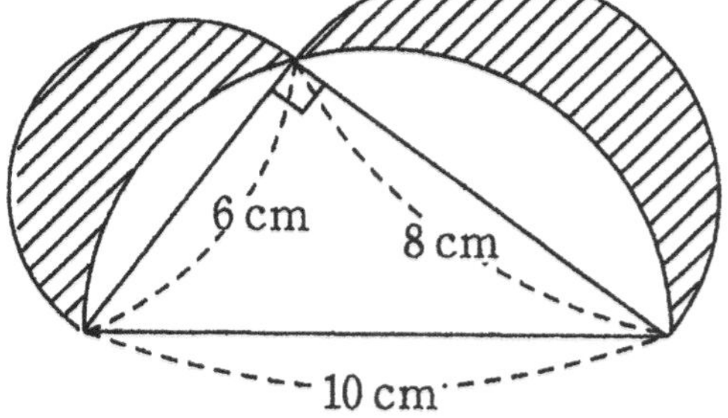

2022年度　静岡サレジオ中学校　入学試験　問題用紙　算数　その3

【注意】　答えは全て解答用紙に書きなさい。また、（考え方）とあるところは考え方も書きなさい。

3．弟が午前9時に家を出発し、分速60 mの速さで3000 mはなれた図書館まで歩いて行きました。
姉は弟が家を出発してから15分後に家を出発し、弟と同じ道を分速240 mの速さで自転車に乗って図書館に行きました。図書館で借りていた本を返し、新しく本を借りてから行きと同じ道を同じ速さで、自転車に乗って家に帰りました。**図1**は、そのときの時刻と家からの距離の関係を表しています。

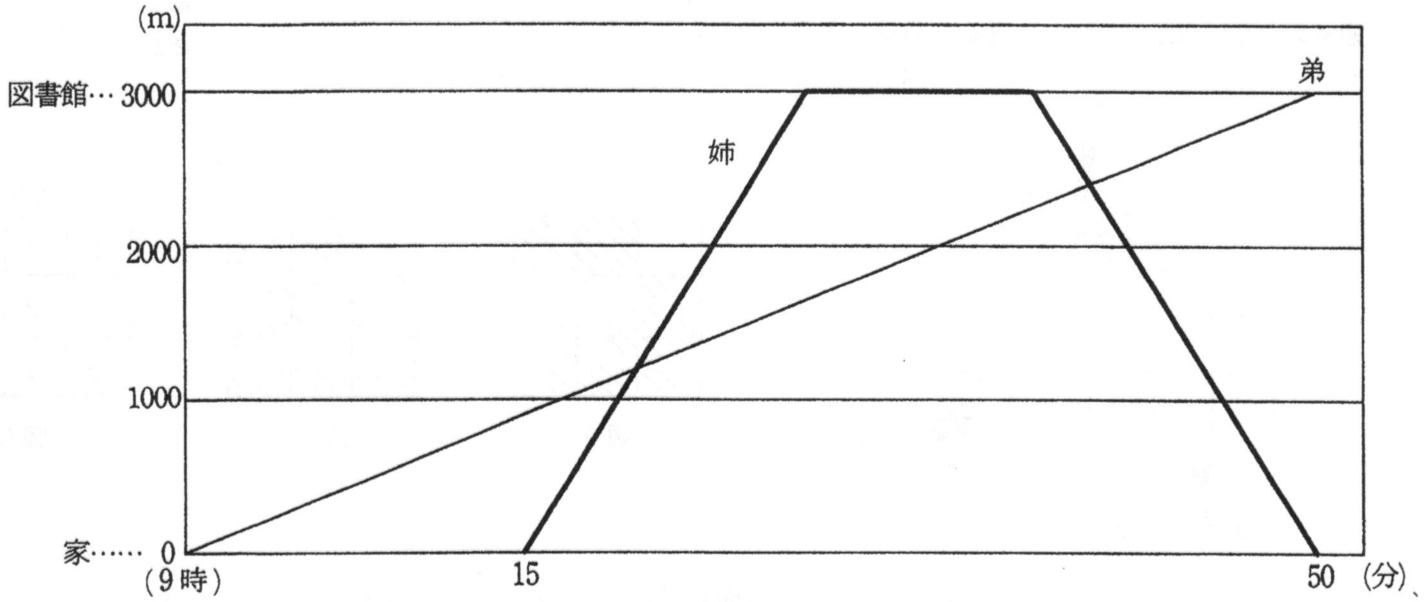

図　1

(1)　姉が図書館に着いたのは、午前何時何分何秒でしたか。

(2)　姉は午前9時50分に家に着きました。姉が図書館にいたのは、何分間でしたか。

(3)　姉が弟と2回目にすれ違ったのは午前何時何分でしたか。

2022年度　静岡サレジオ中学校　入学試験　問題用紙　算数　その４

【注意】　答えは全て解答用紙に書きなさい。また、（考え方）とあるところは考え方も書きなさい。

４． **図１**のような９つのマスにＡ～Ｉのアルファベットがつけられています。
この９つのマスには、箱をそれぞれ最大で３段まで積むことができます。
ただし、どのマスにも箱を１段以上積むものとします。
また、一番上の箱の上の面にだけ、そのマスに箱を何段積んでいるかが
数字で書かれています。
図２のように積んだ場合、正面から見ると**図３**のように、真横から見ると
図４のようになり、真上から見ると**図５**のようになります。

図１

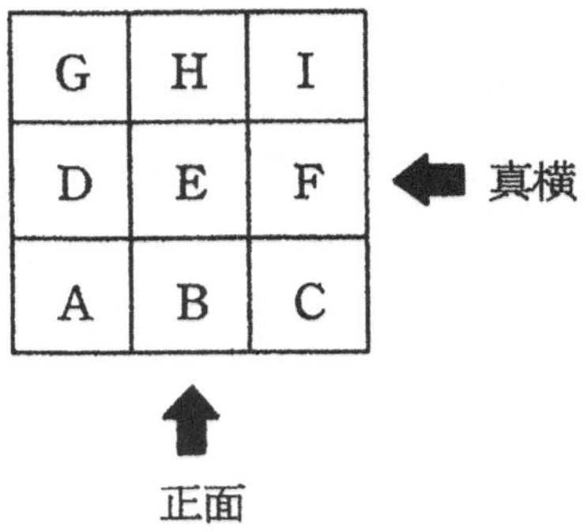

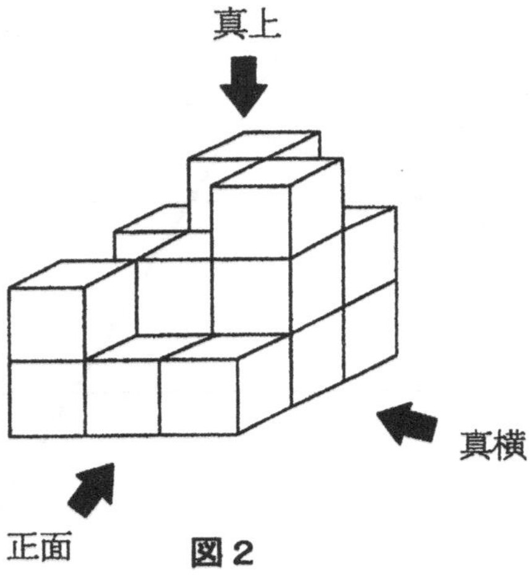

図２

正面

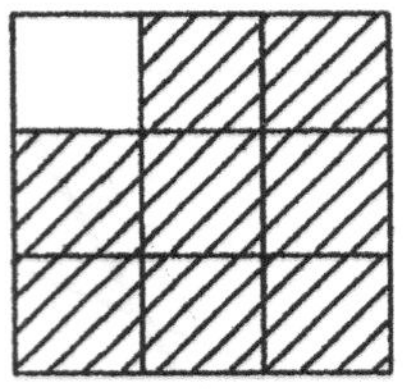

図３

真横

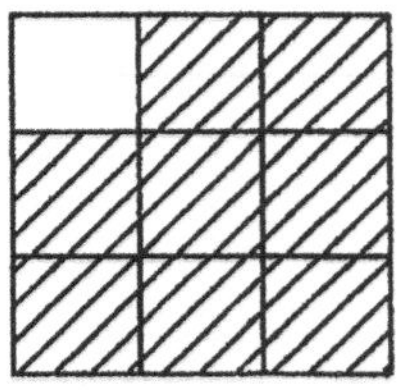

図４

真上

2	3	2
1	2	3
2	1	1

図５

(1)　次の①～⑥はすべて真上から見た図です。正面と真横のどちらから見ても正方形（３マス×３マス）になるものを①～⑥からすべて選びなさい。

①

1	1	1
2	2	2
3	3	3

②

1	3	1
3	3	3
1	3	1

③

2	3	2
3	2	1
3	3	2

④

3	3	3
3	1	3
1	2	1

⑤

3	2	3
3	3	2
1	2	3

⑥

3	3	2
2	1	2
3	3	3

(2)　正面と真横のどちらから見ても正方形（３マス×３マス）に見えるのものの中で、箱の上に書かれた数字の和が最も小さくなるときの箱の積み方を説明しなさい。また、そのときの和を答えなさい。

(3)　正面から見たときは**図６**のように、真横から見たときは**図７**のように見えました。
このとき、積まれている箱の数が確定しないのはどのマスですか。Ａ～Ｉのアルファベットからすべて答えなさい。

正面

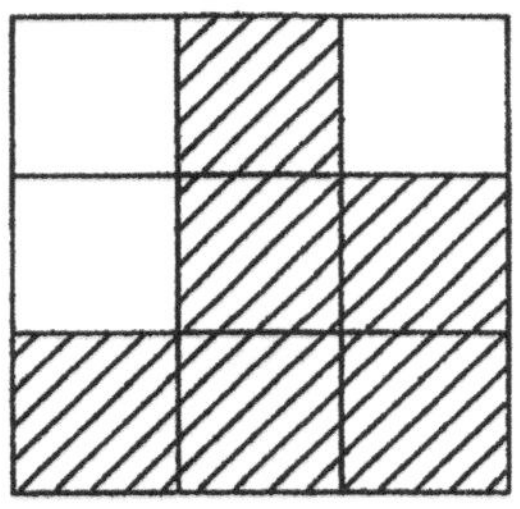

図６

真横

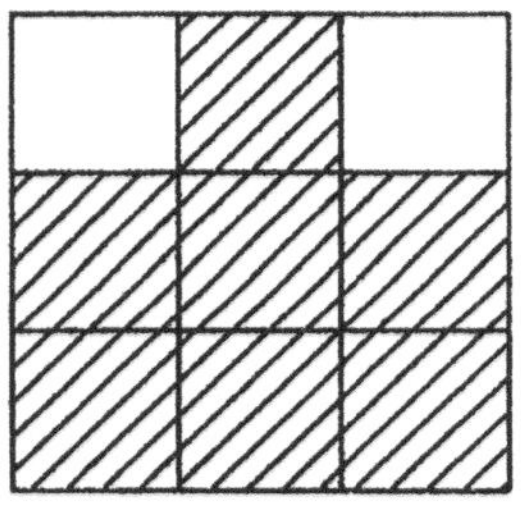

図７

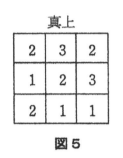

【注意】　答えは全て解答用紙に書きなさい。また、（考え方）とあるところは考え方も書きなさい。

5．岡田さんと中村さんが、授業で学習したプログラミングについて話をしています。

岡田：始めてプログラミングを学習しましたが、いくつかの『命令』を組み合わせることで模様をつくることができました。

中村：では、さっそく課題をやってみましょう。

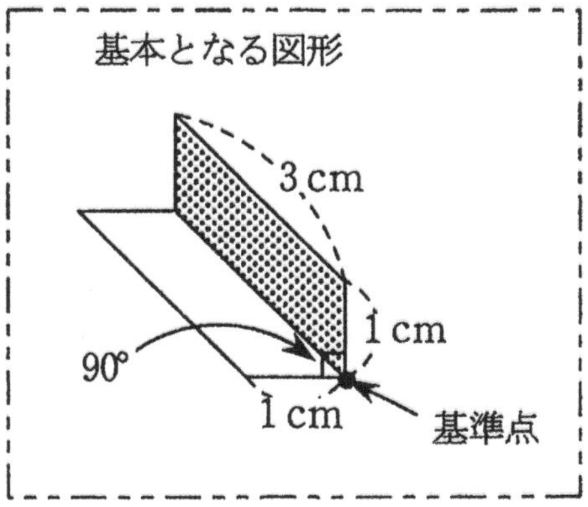

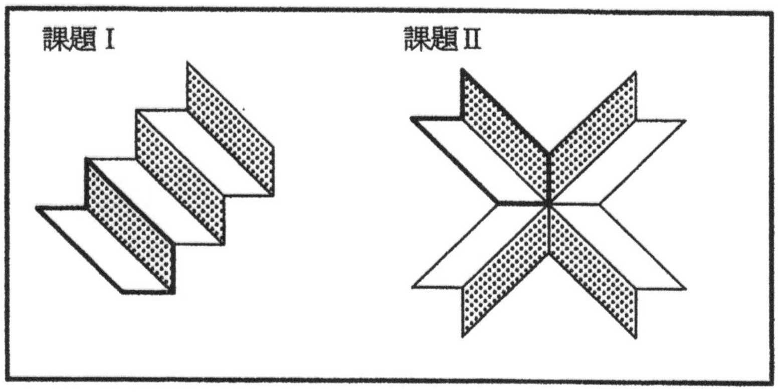

岡田：学習した4つの『命令』を使えばできそうですね。

『命令』

① 〔○｜□〕 … ○(上・下・左・右)方向にまっすぐ□cm移動する。

② 〔返｜○〕 … ○(上・下・左・右)方向に裏返す。

③ 〔回｜□〕 … 基準点を中心に時計回りに□°回転する。

④ 〈印〉 … その場所に図形のあとをつける。

例：

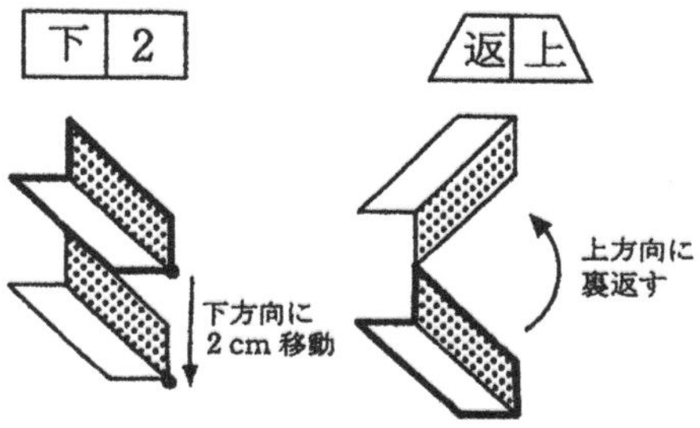

中村：課題Ⅰの図形は、①を使うとできますね。

岡田：太線の図形を基準にすると、このプログラムでできます。

〈印〉→〔ア〕→〔イ〕→〈印〉→〔ア〕→〔イ〕→〈印〉

中村：同じ『命令』をくり返すときは次のようにまとめることができます。

〈印〉（→〔ア〕→〔イ〕→〈印〉）を2回くり返す。

岡田：なるほど。では、課題Ⅱの模様は太線の図形を基準にすると、このプログラムでできます。

〈印〉（→〔回｜90〕→〈印〉）を3回くり返す。　…　（※）

中村：似ていますが、そのプログラムでは違う模様になってしまいます。
<u>別の『命令』を使う必要があります。</u>

(1)　〔ア〕，〔イ〕にあてはまる『命令』を、上記の『命令』①の書き方にしたがって答えなさい。

(2)　岡田さんが考えた（※）のプログラムでできる模様をかきなさい。

(3)　下線部の中村さんのアドバイスをもとに課題Ⅱの模様をつくるプログラムの1つを、空らんをうめて完成させなさい。

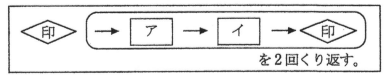

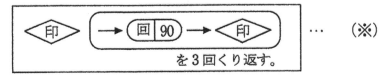

静岡サレジオ中学校　２０２３年度入学試験　英語　リスニング

※音声と放送原稿非公表

(30分)

1．この問題は、(1)～(4)の短い英文を聞き、それぞれの内容に合う絵を選ぶ問題です。英文は２回流します。解答はそれぞれ下の①～③のうちから一つずつ選び、その番号を書きなさい。

(1)

①

②

③

(2)

①

②
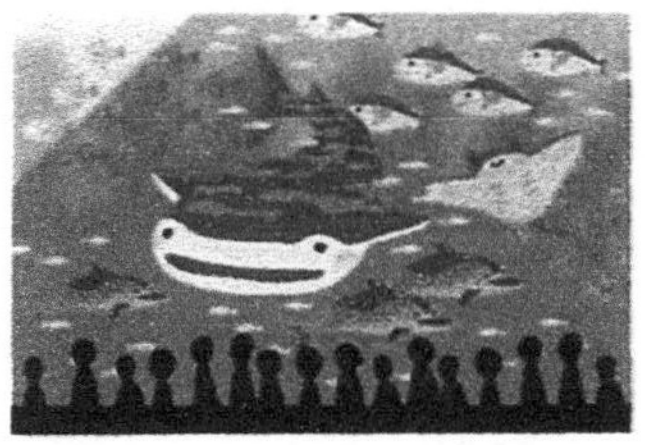

③

(3)

①

②

③

(4)

①

②

③

※問題は裏面に続きます

2．この問題は、絵を参考にしながら対話文を聞き、そのあとに続く応答として最も適切なものを選ぶ問題です。対話文とそれに続く応答は２回流します。解答はそれぞれ①～③のうちから一つずつ選び、その番号を書きなさい。

(5)

(6)

(7)

(8)

3．この問題は、対話文を聞き、その質問に対して最も適切な答えを選ぶ問題です。対話文と質問はそれぞれ２回流します。解答はそれぞれ下の①～④のうちから一つずつ選び、その番号を書きなさい。

(9)

① In the morning.　② At noon.
③ Before dinner.　④ After dinner.

(10)

① A beautiful bag.　② A big bag.
③ Beautiful flowers.　④ Big flowers.

(11)

① To school.　② To the classroom.
③ To the library.　④ To the teachers' room.

(12)

① The man.　② The man's sister.
③ The woman.　④ The woman's sister.

1．次の（1）から（12）までの日本文の意味を表すように、空所に入れるのに最も適切なものを①～④の中から一つ選び、その番号を書きなさい。

(1)　A：あなたの誕生日はいつですか。
B：私の誕生日は３月８日です。
A : When is your birthday?
B : My birthday is (　　　) 8th.
① January　② March
③ August　④ November

(2)　プリントを配ります。
Here are some (　　　).
① handouts　② rulers
③ scissors　④ textbooks

(3)　あの人は森先生です。彼は私たちのサッカーのコーチです。
That is Mr. Mori.　He is (　　　) soccer coach.
① mine　② our
③ their　④ us

(4)　彼女は来年合唱部に入ります。
She will (　　　) the chorus club next year.
① enjoy　② join
③ jump　④ think

(5)　私はふだん静岡から草薙まで電車を利用しています。
I usually take the train (　　　) Shizuoka to Kusanagi.
① by　② from
③ under　④ with

(6)　あの映画はとてもわくわくするものでした。もう１度みたいです。
That movie was so (　　　).　I want to watch it again.
① busy　② difficult
③ exciting　④ international

(7)　A：校外学習であなたたちは何をしましたか。
B：美術館でたくさんの絵を見ました。
A : What did you do on your field trip?
B : We (　　　) many paintings in an art museum.
① see　② saw
③ seeing　④ to see

(8)　今は秋ですが、北海道では雪が降っています。
It is fall now, but it is (　　　) in Hokkaido.
① cloudy　② rainy
③ snowy　④ windy

(9)　A：何になさいますか。
B：ケーキと紅茶を１杯お願いします。
A : What would you like?
B : I'd like cake and a (　　　) of tea.
① bottle　② cup
③ glass　④ lot

(10)　カエルは湿地帯に生息していて、バッタを食べます。
(　　　) live in the wetland and eat grasshoppers.
① Bears　② Eagles
③ Frogs　④ Snakes

(11)　生徒たちは展覧会に向けて大きな作品を作っています。
Students are (　　　) a big art work for the exhibition.
① make　② makes
③ made　④ making

(12)　A：今日はニュージーランドの友だちとオンライン会議で話します。
B：面白そうですね！
A : Today we can talk with friends in New Zealand in the online meeting.
B : (　　　) nice!
① Feels　② Hears
③ Sounds　④ Speaks

※問題は裏面に続きます

2．次の（13）から（15）までの会話について、空所に入れるのに最も適切なものを①～④の中から一つ選び、その番号を書きなさい。

(13) Teacher : Don't use your iPad now.
Student : (　　　　)
① Let's play cards.　② Oh, I'm sorry.
③ Sit down.　④ You are watching YouTube.

(14) Boy : Can you help me clean this room?
Girl : (　　　　)
① Fine, thanks.　② It's not small.
③ Sure.　④ Yes, you can.

(15) Man : (　　　　)
Woman : That's right.　I grow grapes with my family.
① Do you have a shopping bag?　② How is your family?
③ Are you a farmer?　④ You can see it on your left.

3．次の（16）から（19）までの場面について、あなたが伝えたいことを表す文を作るためにそれぞれ【　　】内から必要なものだけを選び、正しい順に並べかえるとき、適切な表現を①～④のうちから一つ選び、その番号を書きなさい。
ただし、【　　】内の語句は、文の最初に来る文字も小文字になっています。

(16) 明日は運動会があるので、早めに寝たい
I will【 at / bed / go / sleep / to 】eight tonight.
① go sleep at bed
② go to bed at
③ sleep at bed to
④ sleep to go bed

(17) 違う学校の友だちに、ある曜日の時間割を聞いてみたい
【 are / do / subject / what / you 】study on Mondays?
① What are you subject
② What do you subject
③ What subject are you
④ What subject do you

(18) 夜は勉強したいので、友達に電話をかけて欲しくない
I【 about / don't / on / talk / the phone 】in the evening.
① don't talk about the phone
② don't talk on the phone
③ don't talk the phone about
④ don't talk the phone on

(19) ホームステイをする外国人に近くでの外食について紹介したい
【 are / good / is / restaurants / there 】near here.
① Good restaurants are there
② Good restaurants is there
③ There are good restaurants
④ There is good restaurants

二〇二三年度　入学試験問題解答用紙　国語

受験番号

氏名

出身小学

得点

※100点満点
（配点非公表）

一
① ② ③ ④ ⑤

二
① ② ③ ④ ⑤

三
① ② ③ ④ ⑤

四
① 主 述
② 主 述
③ 主 述
④ 主 述
⑤ 主 述

五
問一 X Y
問二 A B
問三 a b
問四
問五
問六
問七
問八
問九
問十

六
問一 ア イ
問二 A B
問三
問四
問五 ① ② ③
問六 Ⅰ Ⅱ Ⅲ
問七
問八
問九
問十
問十一

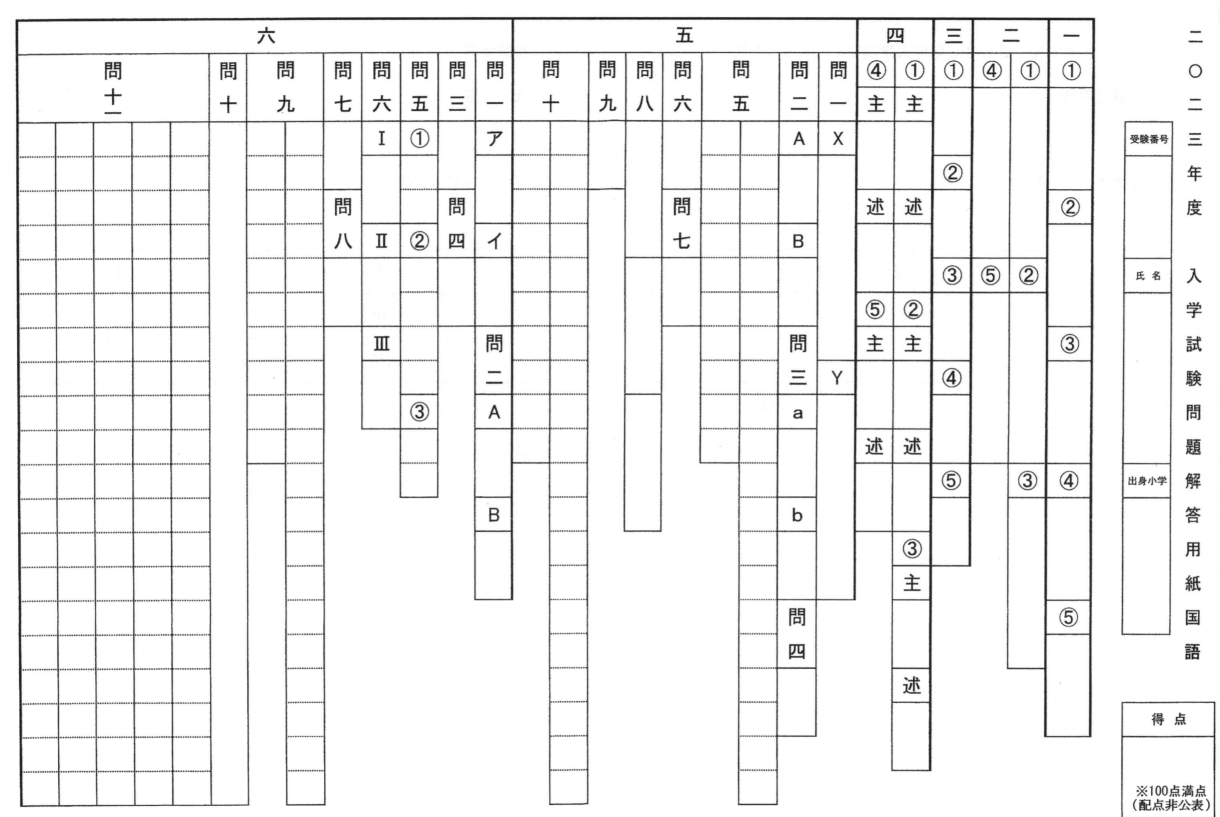

静岡サレジオ中学校　２０２３年度入学試験　※50点満点（配点非公表）

英語　解答用紙

受験番号（　　　　　　　）

氏　　名（　　　　　　　　　　　　）

【　リスニング　】

1

(1)	(2)	(3)	(4)

2

(5)	(6)	(7)	(8)

3

(9)	(10)	(11)	(12)

【　リーディング　】

1

(1)	(2)	(3)	(4)
(5)	(6)	(7)	(8)
(9)	(10)	(11)	(12)

2

(13)	(14)	(15)

3

(16)	(17)	(18)	(19)

2023年度　静岡サレジオ中学校　入学試験　解答用紙　算数

受験番号		氏名	

※100点満点
（配点非公表）

※　数字はていねいに、単位が必要な場合は単位をつけて答えなさい。また、（考え方）とあるところは考え方も書きなさい。

1				
	①	②	③	④
	⑤	⑥	⑦	⑧
	⑨	⑩		

2			
	①	②	③　　番目から　　番目の間
	④	⑤	

3		
	(1)　（考え方） 答	(2)　（考え方） 答
	(3)　（考え方） 答	

解答らんは裏面に続きます

4			
(1)		(3)	（考え方）
(2)	（考え方）		
	数字の和		答

5			
(1)	ア		(2) 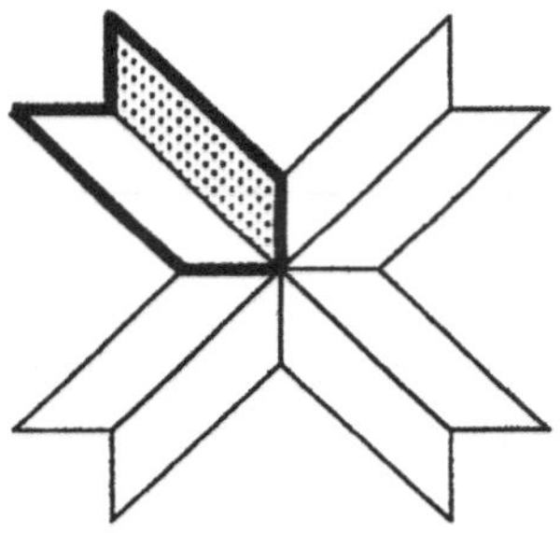
	イ		
(3)	（考え方）		
答	印 →	→ 印	

2024年度 入学試験問題 国語 その1 静岡サレジオ中学校

（50分）

【一】次の①～⑤の文の――線部のカタカナを漢字に直しなさい。

①　これまでの自分のケイレキを書く。　②　自由とハクアイの精神を持つ。

③　彼のジッセキを高く評価する。　④　新しい事実がハンメイした。

⑤　売り上げがテイメイする。

【二】次の①～⑤の文の――線部の漢字をひらがなに直しなさい。

①　テスト勉強に時間を費やす。　②　折角買ったものを失くしてしまった。

③　少しのおくれは許容する。　④　もうすっかり葉桜の季節になった。

⑤　たとえ負けても本望だ。

【三】次の①～⑤のことわざと反対の意味のことわざ（四字熟語）を後から選び、記号で答えなさい。

①　まかぬ種は生えぬ　②　せいては事をし損《そん》じる　③　蛙《かえる》の子は蛙

④　虻蜂《あぶはち》取らず　⑤　立つ鳥あとを濁《にご》さず

ア　えびで鯛《たい》を釣《つ》る　イ　一石二鳥　ウ　瓢箪《ひょうたん》から駒《こま》　エ　あとは野となれ山となれ

オ　果報《かほう》は寝《ね》て待て　カ　鳶《とび》が鷹《たか》を生む　キ　善《ぜん》は急げ

【四】次の各文中から、それぞれA主語（主部）、B述語（述部）にあたる言葉を見つけ、その記号を答えなさい。なお、それにあたる言葉がない場合には×印を書きなさい。

①　ア年月は　イ早い　もので　ウ妹も　エ春から　オ中学生だ。

②　アもう　イ今年の　ウ残りは　エあと　オ少しです。

③　ア田中さんこそ　イこの　クラスの　ウ代表に　エふさわしい　オ人物だ。

④　ア本当に　イすごいよ、　ウ百点を　エとるなんて　オ君は。

⑤　ア冬休みは　イほぼ　ウ毎日、　エ部活動に　オ行った。

【五】次の文章を読んで、あとの問いに答えなさい。なお問題に字数の指定がある場合は、句読点（「。」や「、」）や「　」（かぎかっこ）も一字として数えること。また文章中の言葉を解答欄《かいとうらん》に書くとき、その言葉にふりがながあっても、解答にふりがなをつける必要はありません。

> フミとマキ。二人は、お互《たが》いの父と母の再婚《こん》で姉妹になったばっかりだった。おねえちゃんと仲良くなりたいフミだったが、無愛想《ぶあいそう》なマキの心がわからずに泣いてしまうことも。マキはマキで、新しくできた妹に戸惑《とまど》っていた。

猫《ねこ》がいた。

通りの先の、雑草が生い茂《しげ》る空き地から、［ a ］と出てきたところだった。

まだ子猫だった。背中のほうは茶色と金色が交じり合っていて、おなかは白。細いしっぽの先がフックのように曲がっていた。

フミは、うわあっ、と歓《かん》声をあげたいのをこらえて立ち止まった。口を両手でふさいで声が漏《も》れないように注意しながら、こっちおいで、こっちおいで、とおまじないの呪《じゅ》文を唱えるようにつぶやいた。

子猫は通りの真ん中まで来ると、A不意にこっちを見た。

フミと目が合った。

しばらくじっとしていた子猫は、ふと我に返って、あわてて体をひねり、空き地に飛び込むように戻《もど》ってしまった。

わかるわかる、とフミは口を手でふさいだままうなずいた。そうそうそう、猫は最初、一瞬《しゅん》、ぼーっとするんだよね、と宿題の答え合わせで○がつづいたときのようにうれしくなってくる。

逃げてしまったのは残念だったが、猫に出会えただけでもよかった。プレゼントを贈《おく》られたような気がする。

フミは口から手を離《はな》した。急に息苦しくなった。①声だけでなく息までこらえていたことに、いまになって気づいたのだ。

b、ふうふう、と大きく息をしていたら、後ろにいたマキが歩き出して、追い越《こ》しざま、「先に行くよ」と言った。

フミは（注1）ポニーテールの揺《ゆ》れるマキの背中に「猫がいたよ」と声をかけ、少しだけ言葉をつっかえさせて、「おねえちゃんも見た？」とつづけた。

マキは何歩か進んだところで足を止め、「見たよ」と面倒《どう》くさそうに言った。

②「かわいかったよね」

「ふつうじゃん」

「また出てくるかなあ」

「来ないよ」

あっさり切り捨てて、「ほんと、早く歩かないと学校に遅《おく》れちゃうよ」と歩き出す。

フミもしかたなくあとにつづいた。マキの背負ったランドセルは、学校の誰《だれ》とも違《ちが》うデザインだった。横長で、中学生の通学鞄《かばん》のような形をしている。蓋《ふた》を止める金具のすぐ上の真ん中、いちばん目立つところに星の形の小さなシールが貼《は》ってある。アルミホイルのように光を反射してキラキラ光る、銀色のお星さまだ。フミは、それを見るたびに――いまも、きれいだなあ、と思う。

空き地の前を通り過ぎるとき、フミは雑草の茂みを覗《のぞ》き込んでみたが、猫の姿は見あたらなかった。マキは空き地にはちらりとも目を向けず、まっすぐに前を向いて歩く。

距離《きょり》が開いた。追いつこうとして足を速めかけた矢先にトンボを見つけて、フミはまた立ち止まる。トンボは空き地を管理する（注2）不動産会社の看板にとまっていた。青い色をしたトンボだった。

「おねえちゃん、トンボ」

③今度はさっきよりすんなりと声が出た。

昨日よりも今日、今日よりも明日、さっきよりもいま、いまよりも今度……少しずつ慣れていけばいいんだから、とお父さんに言われた言葉を思いだした。

でも、「あ、そう」とだけ応えて振《ふ》り向きもしないマキのそっけなさには、まだ慣れない。いつもしょんぼりしてしまう。

小走りして追いついた。

「青いトンボだったけど、名前、なんていうの？」

「シオカラトンボじゃない？」

態度はそっけなくても、訊《き》いたことに答えてくれない、というわけではない。

「なんでシオカラっていうの？」

2024年度　入学試験問題　国語　その3　静岡サレジオ中学校

マキは少し黙《だま》って、「私が決めたわけじゃないから」と言った。

④フミは、またしょんぼりとうつむいてしまう。歩きながら、（注3）おかっぱの髪《かみ》を指で梳《す》いた。もともと癖《くせ》っ毛のうえに寝癖が加わって、くるん、と外にはねた髪を、指でひっぱって伸《の》ばす。気まずくなったときは、いつも、そうしている。

しばらく話が途《と》切れた。⑤空き地を通り過ぎると、マキはムスッと息をついて、「あのさ」と言った。「夕方になると色が変わるんだよ、あのトンボ」

「そうなの？」

「うん五年生の教科書に出ているから」

フミは小学四年生だった。マキは六年生。二学期が始まって三日目の朝だった。

「何色になるの？」

「　C　」

「じゃあ、　C　とんぼそっくりになるの？」

「そっくりじゃなくて、同じなんだよ。シオカラトンボが夕方になって　C　くなったのを、　C　とんぼっていうの」

ほんと？とフミがB目をまるくすると、マキはすました顔のまま「嘘《うそ》」と言って、⑥そんなのあたりまえじゃん、と笑った。

笑い方も冷ややかでそっけない。それでも笑顔は笑顔だった。フミも「なーんだ、ひどーい」と笑い返して、こんどはどうかな、だいじょうぶかな、もっとじょうずに言えるかな、と期待と不安を交えてつづけた。

「おねえちゃんがまじめに言うから、信じちゃった、わたし」

よかった。自然に言葉が出た。今日はいいことがあるかもしれない。猫にも出会えたし、⑦「おねえちゃん」の言い方はベスト記録を更《こう》新しつづけている。

（問題作成の都合上、一部表現を改めました。重松清『ポニーテール』新潮文庫刊より）

（注1）ポニーテール・・・女性の髪型の一つ。髪を後頭部でたばね、子馬の尾のようにたらしたもの。

（注2）不動産会社・・・土地・建物の取引・開発・賃貸・管理を主な業務とする会社。

（注3）おかっぱ・・・少女の髪形。前髪を額に垂らし、横・後ろを首筋の辺りで切りそろえたもの。

問一　空欄ａ・ｂに入る言葉を次から選び、記号で答えなさい。

ア　ぎょろぎょろ　　イ　せかせか　　ウ　はあはあ　　エ　どんどん　　オ　とことこ

問二　二重傍《ぼう》線部Ａ「不意に」Ｂ「目をまるくする」のそれぞれの意味をそれぞれ選び、記号で答えなさい。

Ａ　ア　じいっと　　イ　思いがけなく　　ウ　すばやく　　エ　不本意にも

Ｂ　ア　驚《おどろ》いて目を見張る　　イ　激しくまばたきする　　ウ　かわいらしく目を見開く　　エ　疑ってにらむ

問三　――部①「声だけでなく息までこらえていたことに、いまになって気づいたのだ」とありますが、なぜ息までこらえていたのですか。その理由として最も適切なものを選び、記号で答えなさい。

ア　朝の登校時の外の風はまだ冷たく、口を両手でふさいでいたから。

イ　おねえちゃんに余計なことを言わないように気をつけていたから。

ウ　触《さわ》ろうとした猫が逃げてしまい、とても落ち込んでしまったから。

エ　大好きな猫が逃げないように、音を出さずに近づこうとしたから。

２０２４年度　入学試験問題　国語　その４　静岡サレジオ中学校

問四　――部②『かわいかったよね』『ふつうじゃん』『また出てくるかなあ』『来ないよ』」の会話のやり取りから、マキのどのような態度が分かりますか。「態度」に続く言葉を本文中から五字で抜《ぬ》き出しなさい。

（　五字　）態度

問五　――部③「今度はさっきよりすんなりと声が出た」とありますが、さっきとはいつを指しているでしょうか。そのときを表している一文の最初と最後の五字を抜き出しなさい。

問六　――部④「フミは、またしょんぼりとうつむいてしまう」とありますが、その理由として最も適切なものを選び、記号で答えなさい。

ア　もっと親身になって答えてほしいのに、いつも無愛想な答え方しかしないから。

イ　もっと大好きなトンボについて深く知りたいのに、少しも教えてくれないから。

ウ　もっと優しい声でていねいに話しかけてほしいのに、怒《おこ》ってばかりいるから。

エ　もっと生き物にたくさん興味を持ってほしいのに、少しも興味を持たないから。

問七　――部⑤「空き地を通り過ぎると、マキはムスッと息をついて、『あのさ』と言った」とありますが、このときのマキの気持ちとして最も適切なものを選び、記号で答えなさい。

ア　本当は猫や虫が嫌《きら》いなのに、その話ばかりする妹に腹を立てている。

イ　何度も注意しても話しかけてくるので、いい加減イライラしている。

ウ　落ち込んでだまった妹にあきれて、少し話してあげようとしている。

エ　早く学校に行かなければならないので、相手にしないと決めている。

問八　空欄Ｃに入る色を漢字で答えなさい。

問九　――部⑥「そんなのあたりまえじゃん、と笑った」とありますが、その理由として最も適切なものを選び、記号で答えなさい。

ア　このような常識的な変化も知らないのかと、ばかにしたから。

イ　すぐに気がつきそうな嘘を、純粋《すい》に信じようとしていたから。

ウ　登校前の朝から気の弱い妹を、元気づけようとしていたから。

エ　生き物好きの妹がかわいらしく、知識をためそうとしたから。

問十　――部⑦『おねえちゃん』の言い方はベスト記録を更新しつづけている」とは、具体的にはどのようなことですか。文脈に即《そく》して説明しなさい。

【六】　次の文章を読んで、あとの問いに答えなさい。なお問題に字数の指定がある場合は、句読点（「。」や「、」）や「　」（かぎかっこ）も一字として数えること。また文章中の言葉を解答欄に書くとき、その言葉にふりがながあっても、解答にふりがなをつける必要はありません。

①あなたがはじめて耳で良く発音を聞いて、口で発する練習をしたのは、日本語でなくて、多分英語ではないでしょうか。母語は自然としゃべれて、外国語だから発音から学ぶという考えは、日本くらいでしか通じません。自分の国のことばでも、発音を正すのは案外と難しいのです。

２０２４年度 入学試験問題 国語 その５ 静岡サレジオ中学校

日本語の音の数はいくつあると思いますか。五十音図といいますが、文字では一〇〇ぐらいあります。しかし、実際の音はもっとたくさんあります。「ん」だけでも五通りくらいあるのです。[A]、本の「ん」と新聞の「ん」はちがいます。しかし日本人は、それを認識せずに使っているので、ちがう音は存在しないみたいなものなのです。

国語というとふつうは、他人のことばを聞いて自分のことばを話すことが大切とされます。もちろん、読み書き中心の日本語学習は明治維《い》新以後、西欧《おう》文明に追いつけと日本人ががんばった結果です。

言語というと、あなたは文字に書けるものと思っているでしょう。日本語はそうです。[B]、世界の言語で文字をもつものは、言葉全体の多さからいうと少ないのです。

日本語でも方言は文字にできないといえなくもありません。関西弁はひらがなの音で書けますが、特別な場合をのぞいて方言は文字にしないのです。

欧米では、ことばを音声で扱《あつか》われてきました。聖書ではことばは人間が動物と区別されるための大切なものでした。ことばがない赤ん坊は動物と同じ、だからこそ音声教育は重要視されたのです。それは発音に限らず、スピーチ、ディベート、ディスカッションなど、音声コミュニケーションの技術として身につけるものとなりました。詩も朗読して、声の使い方、間のあけ方などを学びます。

日本ではほとんどの人が文字を読めます。これはとても特別なことです。そのかわり、人前で発表したり、スピーチするのが苦手な人が少なくありません。ほかの国が音声の基礎《そ》教育としてやっていることは、日本ではアナウンサーや役者の基礎訓練を受ける機会でもなければ経験しません。

では、義務教育で音声技術を習得した人とそうでない人が出会うとどうなるでしょう。

②このことは、英語という国際共通語でも後《おく》れをとっている日本に、もうひとつの音声コミュニケーションの大きな壁《かべ》が立ちはだかっているといえます。

日本というほぼ一民族一言語に近い島国の村社会で、以心伝心でほとんど音声ことばを使う必要はなく、対話や論議もあまりすることなく生活を営めてきたことが、③音声コミュニケーション力において裏目にいるのです。しかし、ますますグローバル化する社会では、つねに異言語、異文化の人とまみえることになります。[C]、日本という村社会の「④話さずとも相手が意をくんでくれる」という常識は通用しないのです。

日本人の住まいは、「壁に耳あり障子《しょうじ》に目あり」という[I]の家でしたから、大きな声は（注１）タブーでした。ほかの国のように[II]の家なら、壁に耳をつけても、何も聞こえません。しかも、天井が高く、広い家では大きな声をひびかせなくては伝わりません。

からっと乾燥《かんそう》したところでは、声はとても遠くまでひびきますが、日本の気候はジメジメしています。[D]、畳《たたみ》の生活で猫背ですから、抑《おさ》えた声となります。体も小さかったし、農耕民族に大声は必要ありません。声を張り上げなくてはいけない危険も少ないからです。体格だけでなく、（注２）頭蓋《がい》骨、あごの形もちがいます。食べ物は肉食でなく草食、声を出す体もパワーも、けっして有利ではなかったのです。

そこから「A口は災いのもと」のようなことわざ、「おしゃべりするな」「[X]を見せて笑うな」という叱《しか》り文句がよく使われてきました。とにかく、たくさんしゃべる人、大声でしゃべる人、口のうまい人は、日本では評価が低かったのです。いつも落ち着いて腹がすわっていて、不言実行、死んでも口を割らないような人が尊敬されたのです。そんなことで、私たち日本人はあまり声を使わなくなったのです。

とにかく、⑤自分の言いたいことをしっかりと相手に伝えるのに、これからますます声の力が問われてくるのは確かでしょう。五感のうち、触《しょっ》覚、嗅《きゅう》覚、味覚はその場にいないととらえられません。しかし、ＴＶやパソコンなどの発達で、目

２０２４年度　入学試験問題　国語　その６　静岡サレジオ中学校

で見えるものは遠い場所へも伝送され、バーチャルな世界も含めて視界の世界がどんどん広がっています。音も同じで、携《けい》帯電話などの音声機器の発達で、耳で聞こえるものもどこまでも伝送され、聴《ちょう》覚の世界も広がっています。

（問題作成の都合上、一部表現を改めました。福島英『声のトレーニング』岩波ジュニア新書より）

（注１）タブー・・・ある集団の中で、言ったり、したりしてはならないこと。

（注２）頭蓋骨・・・頭部の骨格で、合計二十三個の骨から構成されたもの。

問一　空欄Ａ～Ｄに入る言葉を次から選び、記号で答えなさい。

ア　つまり　イ　そのうえ　ウ　たとえば　エ　もはや　オ　しかし

問二　二重傍線部Ａ「口は災いの元」と同じ意味の言葉を次から選び、記号で答えなさい。

ア　猿《さる》も木から落ちる　イ　河童《かっぱ》の川流れ　ウ　雉《きじ》も鳴かずば撃《う》たれまい　エ　犬も歩けば棒に当たる

問三　空欄Ｘに入る体の部分を表す言葉を漢字一字で書きなさい。

問四　――部①「あなたがはじめて耳で良く発音を聞いて、口で発する練習をしたのは、日本語でなくて、多分英語ではないでしょうか」とありますが、「あなた」とは誰のことを指しますか。本文中から三字で抜き出しなさい。

問五　――部②「このこと」とありますが、このこととはどういうことですか。文中の言葉を使って、二十五字以上三十字以内で答えなさい。

問六　――部③「音声コミュニケーション力において裏目に出ているのです」とありますが、ここから筆者はどのようなことを言いたいのでしょうか。最も適切なものを選び、記号で答えなさい。

ア　音声ことばが一番大切で、文字ことばを書けるかどうかはどうでもいい。

イ　音声ことばと文字ことばは表裏《り》一体であり、どちらが欠けても問題である。

ウ　音声ことばも大切であるが、それを使わなくてもよい日本社会はすばらしい。

エ　音声ことばを使わない社会は一見よいかもしれないが、これからの時代では困る。

問七　――部④「話さずとも相手が意をくんでくれる」とありますが、この意味を表す言葉を本文中から五字以内で抜き出しなさい。

問八　空欄Ⅰ・Ⅱに入る言葉を次から選び、記号で答えなさい。

ア　水や土　イ　わらと粘《ねん》土　ウ　草や革　エ　鉄とプラスチック

オ　石やレンガ　カ　ほら穴と土　キ　木と紙　ク　布や綿

問九　この文章で説明している「日本（日本語）」の特徴《ちょう》に当てはまるものを次からすべて選び、記号で答えなさい。

ア　様々な人種が集まる島国　イ　湿気《しっけ》が多い　ウ　乾燥している

エ　大きな声で話す人が多い　オ　放牧民族　カ　農耕民族

キ　音声教育が盛ん　ク　論理的　ケ　非論理的

コ　文字教育が盛ん　サ　情緒《ちょ》的　シ　音声コミュニケーションが得意

問十　――部⑤「自分の言いたいことをしっかりと相手に伝えるのに、これからますます声の力が問われてくるのは確かでしょう」とありますが、あなたはこの意見に賛成ですか、反対ですか。賛成・反対の立場を明確にして、その理由を一二〇字以内で書きなさい。なお、文章は一マス目から書き始め、段落替えもしないこと。

2024年度　静岡サレジオ中学校　入学試験　問題用紙　算数　その1

【注意】　答えは全て解答用紙に書きなさい。また、（考え方）とあるところは考え方も書きなさい。

(50分)

1．次の計算をしなさい。ただし、⑨、⑩は□にあてはまる数を答えなさい。

① $804-426+117$

② $330+105\div3$

③ $141-7\times9$

④ $47.1\div1.57$

⑤ $\frac{3}{4}+\frac{1}{6}-\frac{5}{8}$

⑥ $1\frac{5}{6}\times\frac{2}{11}\div\frac{3}{13}$

⑦ $2024\times4.3-506\times9.2$

⑧ $26-24\times\left(\frac{1}{3}-0.2\right)\div1.6$

⑨ $36+(\square-12)\div8=99$

⑩ $2024\text{cm}^3=\square\text{dL}$

【注意】　答えは全て解答用紙に書きなさい。また，（考え方）とあるところは考え方も書きなさい。

２．① Aさんの小学校の６年生の男子の人数は36人で，男子の人数と６年生全体の人数の比は６：13です。
Aさんの小学校の６年生の女子の人数は何人ですか。

② 長さ150 mの列車が時速90 kmで走っています。この列車が長さ750 mの鉄橋をわたり始めてから
わたり終わるまでに何秒かかりますか。

③ Bさんは１日平均20ページの読書を目標としています。日曜日から金曜日までの６日間の平均は17ページでした。
土曜日に何ページ読めば，日曜日から土曜日までの７日間に，目標の１日平均20ページを達成できますか。

④ 静岡市の面積は約1410 km^2，人口は約676500人です。
静岡市の人口密度を，一の位を四捨五入して十の位までのがい数で求めなさい。

⑤ 図１は，底面の円の半径が５cm，高さが10 cmの円柱です。
図２は，底面の円の半径が10 cm，高さが10 cmの円柱から図１の円柱をくりぬいた円柱です。
図２の円柱の体積は，図１の円柱の体積の何倍ですか。

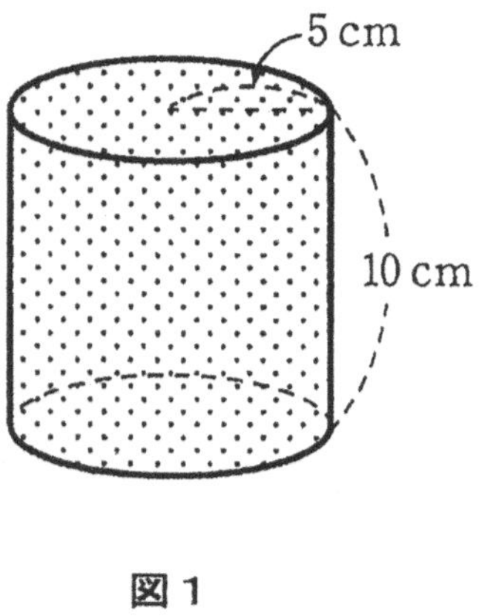

図１

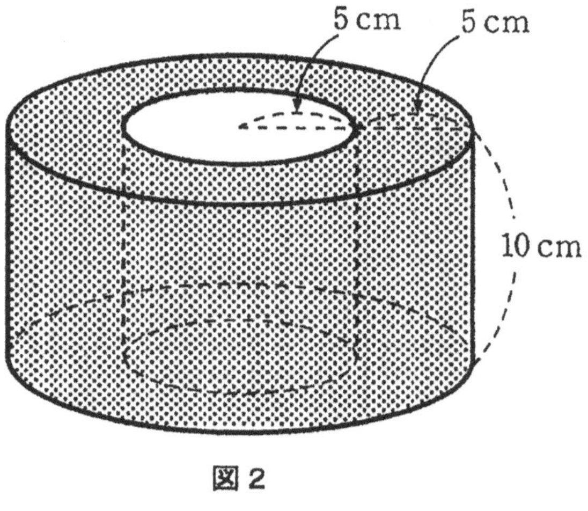

図２

2024年度　静岡サレジオ中学校　入学試験　問題用紙　算数　その3

【注意】　答えは全て解答用紙に書きなさい。また、（考え方）とあるところは考え方も書きなさい。

3．スポーツグッズの販売《はんばい》店で，野球選手の移籍《いせき》に合わせて新しいユニフォームを売ることにしました。仕入れ値に2割の利益を見込んで定価を4800円としました。初日の売り上げは好調で，仕入れた150着すべてが売れました。2日目は，仕入れる数を初日と比べて1.5倍に増やしたところ，商品が売れ残ってしまいました。そのため3日目は，初日と同じ数を仕入れた分と2日目に売れ残った分をまとめて，定価から3割引きで販売したところ，すべて売ることができました。この3日間の利益が52800円のとき，以下の問いに答えなさい。

(1)　ユニフォームの仕入れ値はいくらですか。

(2)　2日目に仕入れたユニフォームは何着ですか。

(3)　2日目に売れたユニフォームは何着ですか。

【注意】　答えは全て解答用紙に書きなさい。また、（考え方）とあるところは考え方も書きなさい。

４．図１のＡ～Ｉは円周を９等分した点です。次の問いに答えなさい。

図１

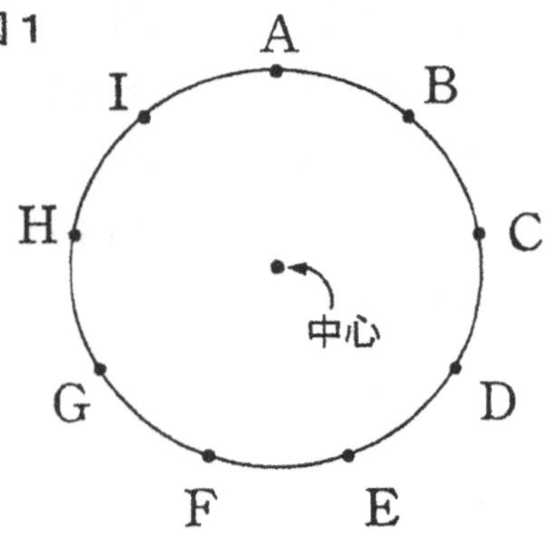

(1)　図２は，図１のとなり合う頂点を結び，さらに点Ａと点Ｉをそれぞれ中心と結んだものです。
㋐，㋑の角の大きさを求めなさい。

図２

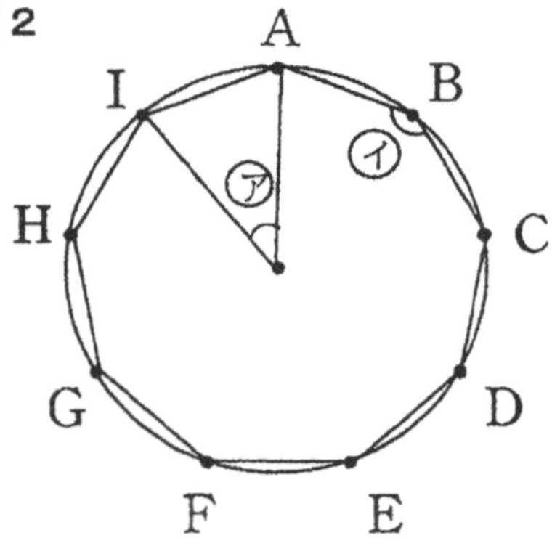

(2)　図３は，図１の頂点を１つおきに結んだものです。㋒の角の大きさを求めなさい。

図３

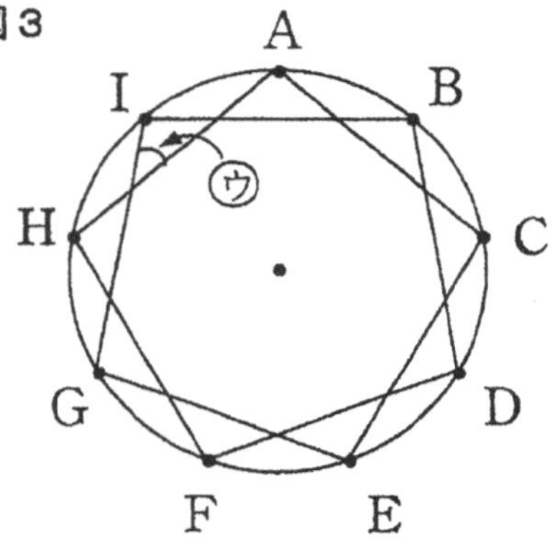

(3)　図４は，図１の頂点を３つおきに結んだものです。㋓の角の大きさを求めなさい。

図４

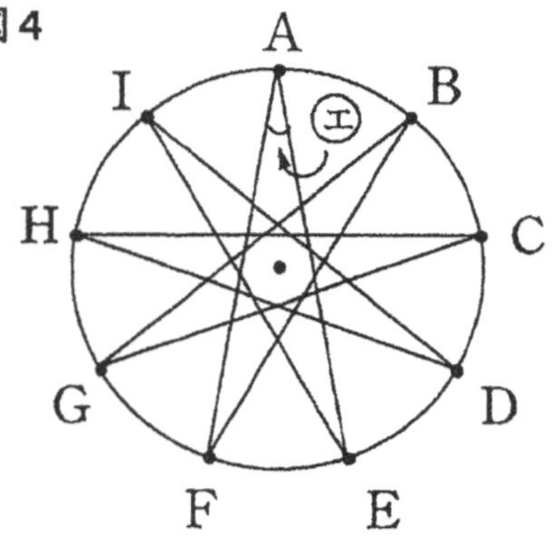

【注意】　答えは全て解答用紙に書きなさい。また、（考え方）とあるところは考え方も書きなさい。

5．点字は，指先でさわることで読み取ることができる視覚障害者用の文字です。エレベーターや駅の手すりなど、公共施設《しせつ》でも使われています。点字のしくみを調べると、ある規則に従って書かれていることがわかりました。次の①～⑤はそのうちの一部です。

① 点字の単位を「マス」と言い、一マスは**図１**のようにたて3点，横2点の6点でできています。

② 左側を上から1の点，2の点，3の点，右側を上から4の点，5の点，6の点として，点に番号を記し，点のある場所を●，ない場所を○として表す。

③ 1，2，4の点で母音（あいうえお）を表す。

④ 3，5，6の点を組み合わせて子音を表し、母音に足してか行，さ行，た行，な行，は行，ま行，ら行を表す。

⑤ 濁点「゛」は5の点だけの**図２**をつけて，2マスで表現する。

図１

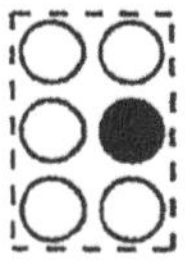
図２

例：

「さんすう」
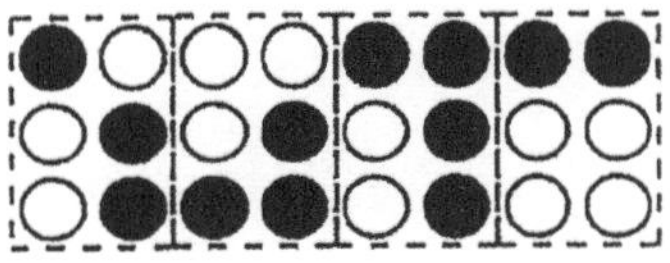

「はつひので」
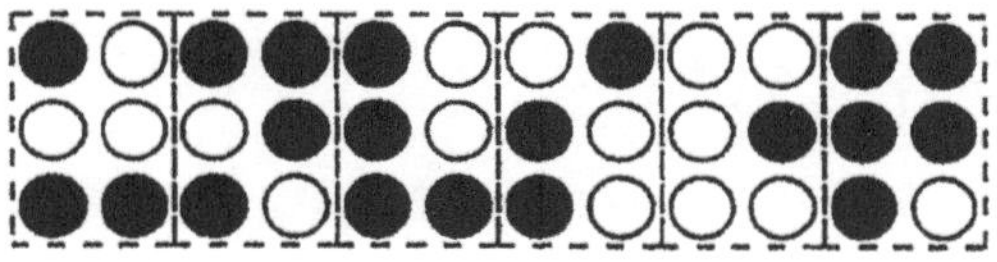

「みかん」
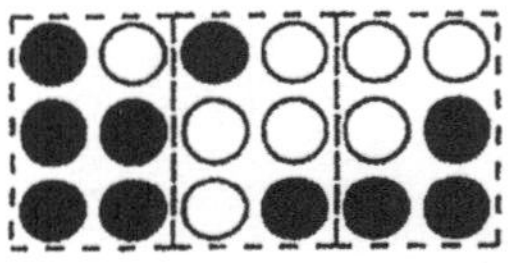

「ゆきだるま」
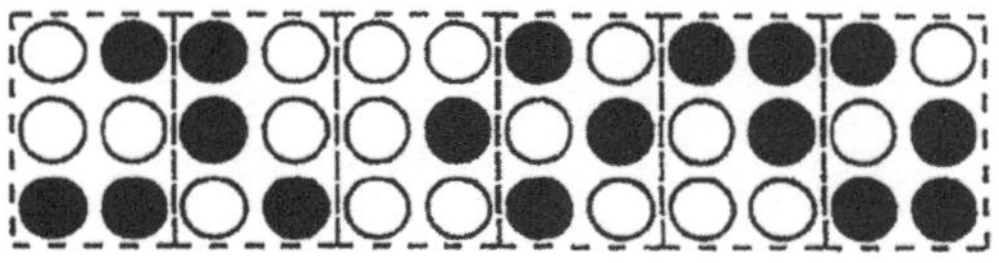

①～⑤と上の例をもとに，次の問いに答えさない。

(1)　「おせち」を点字で表しなさい。

(2)　次の点字を読みなさい。

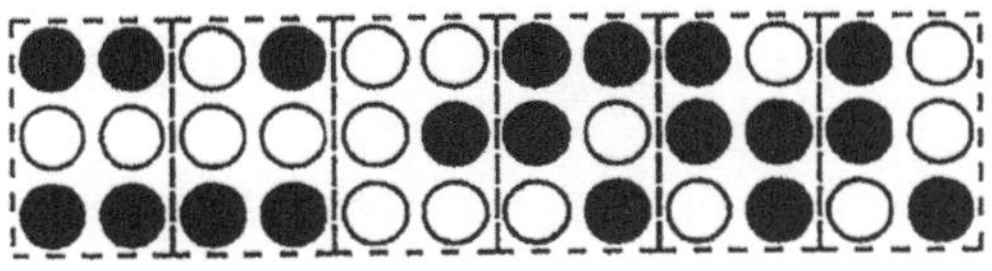

(3)　ひらがなだけでなく，数字も点字で表すことができます。
次の4つのヒントをもとに数字を表す点字を全て表しなさい。

- 数字の表記0～9は，あ行とら行の点字と同じである。
- ら行で表す数字は，「0，4，5，7，8」である。
- 2つの点で表せるのは，「2，3，5，9」，3つの点で表せるのは，「0，4，6，8」である。
- 1の点を使っていないのは，「0，9」，4の点を使っていないのは，「1，2，5，8」である。

静岡サレジオ中学校　２０２４年度入学試験　英語　リスニング

(30分)

※音声は収録しておりません

１．この問題は、(1)～(4)の短い英文を聞き、それぞれの内容に合う絵を選ぶ問題です。
英文は２回流します。解答はそれぞれ下の①～③のうちから一つずつ選び、その番号を書きなさい。

(1)

①

②

③

(2)

①

②

③

(3)

①

②

③

(4)

①

	月	火	水	木	金
1	国	数	英	美	社
2	社	英	国	美	数
3	体	理	家	国	英
4	数	国	体	数	体
5	理	社	数	英	国
6	音		理		英

②

	月	火	水	木	金
1	国	算	社	書	音
2	理	国	算	社	国
3	算	体	家	国	算
4	書	音	理	体	理
5	社	図	国	算	
6					

③

※問題は裏面に続きます

2．この問題は、絵を参考にしながら対話文を聞き、そのあとに続く応答として最も適切なものを選ぶ問題です。対話文とそれに続く応答は２回流します。解答はそれぞれ①～③のうちから一つずつ選び、その番号を書きなさい。

(5)

(6)

(7)

(8)

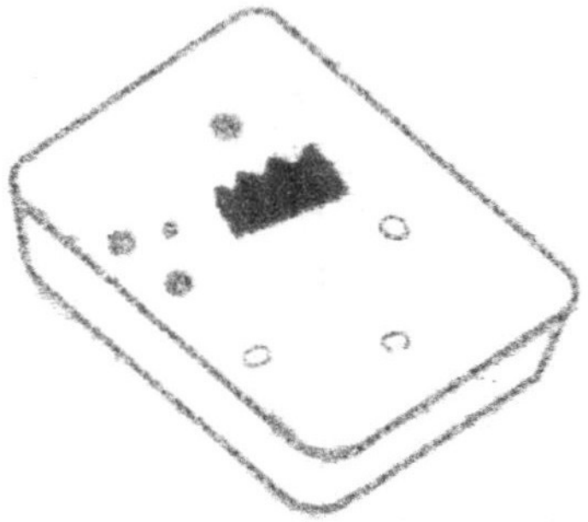

3．この問題は、対話文を聞き、その質問に対して最も適切な答えを選ぶ問題です。対話文と質問はそれぞれ２回流します。解答はそれぞれ下の①～④のうちから一つずつ選び、その番号を書きなさい。

(9)

① He watched a movie.　② He read a book.
③ He saw animals.　④ He climbed a mountain.

(10)

① One.　② Two.
③ Three.　④ Four.

(11)

① The boy.　② The girl.
③ The boy's mother.　④ The girl's mother.

(12)

① Drums.　② Guitar.
③ Piano.　④ Trumpet.

静岡サレジオ中学校　２０２４年度入学試験　英語　リーディング

１．次の（1）から（12）までの日本文の意味を表すように、空所に入れるのに最も適切なものを①～④の中から一つ選び、その番号を書きなさい。

(1)　静岡は富士山で有名です。

Shizuoka is famous (　　　) Mt. Fuji.

① for　　② in
③ at　　④ of

(2)　A：今朝は何をしたの。
　　B：お姉ちゃんと理科の勉強をしたよ。

A:　What did you do this morning?
B:　I (　　　) science with my sister.

① studyies　　② studyied
③ studying　　④ studied

(3)　ドンボスコはみんなに優しいです。

Don Bosco is kind (　　　) everyone.

① for　　② on
③ at　　④ to

(4)　去年の夏は魚釣りを楽しみました。

I (　　　) fishing last summer.

① liked　　② enjoyed
③ fun　　④ played

(5)　静岡で駿府城を見ることができます。

You can (　　　) Sumpu Castle in Shizuoka.

① make　　② see
③ eat　　④ walk

(6)　冬休みはどうでしたか。

How (　　　) your winter vacation?

① is　　② was
③ are　　④ were

(7)　あなたの番ですよ。

It's your (　　　).

① turn　　② round
③ number　　④ next

(8)　A：きみのお気に入りの色は何ですか。
　　B：青だよ。

A:　What is your (　　　) color?
B:　It's blue.

① like　　② favorite
③ best　　④ love

(9)　私の友人はバスケットボール選手です。とても背が高いです。

My friend is a basketball player. He is very (　　　).

① popular　　② tall
③ cute　　④ big

(10)　算数の授業では定規を使ってください。

Please use a (　　　) in math classes.

① notebook　　② ruler
③ handouts　　④ scissor

(11)　今日は何曜日ですか。

What (　　　) is it today?

① dairy　　② date
③ week　　④ day

(12)　A：お母さん、ぼくの手袋もう小さいよ。
　　B：私のを使いなさい。

A:　Mom, my (　　　) are very small.
B:　You can use mine.

① a cap　　② a coat
③ gloves　　④ boots

※問題は裏面に続きます

2．次の（13）から（15）までの会話について、空所に入れるのに最も適切なものを①～④の中から一つ選び、その番号を書きなさい。

(13) Man:（　　　　）
Woman:　It's 500 yen.
① How many is the book?　② How long is the book?
③ How much is the book?　④ How often is the book?

(14) Boy: It's rainy. We can't play outside.
Girl：（　　　　）
① Let's go to the park.　② Let's play cards at home.
③ Me, too.　④ How about you?

(15) Boy: My mother is a music teacher.
Girl: Can your mother play the violin?
Boy：（　　　　）
① Yes, she can.　② That's right.
③ Can I?　④ Sounds nice!

3．次の（16）から（19）までの場面について、あなたが伝えたいことを表す文を作るためにそれぞれ【　　】内から必要なものだけを選び、正しい順に並べかえるとき、適切な表現を①～④のうちから一つ選び、その番号を書きなさい。
ただし、【　　】内の語句は、文の最初に来る文字も小文字になっています。

(16) 修学旅行に行くので、その間飼っている鳥を見てもらいたい
【 of / you / care / take / can 】my bird during the school trip?
① You care of take can
② Can you take of care
③ Can you take care of
④ You can care of take

(17) 毎朝の習慣を伝えたい
I【 at / up / always / six / get 】and eat breakfast.
① get at six always up
② get up at six always
③ always get up at six
④ get up always at six

(18) 友達に来月の家族旅行のことを伝えたい
【 next / go / we / skiing / will 】month.
① We will go skiing next
② Will we skiing go next
③ We will go next skiing
④ Will we go skiing next

(19) 授業で将来の夢について発表したい
I【 a / to / scientist / be / want 】in the future.
① want be a scientist to
② want to be a scientist
③ be a scientist want to
④ want a scientist be to

以上

静岡サレジオ中学校　２０２４年度入学試験　英語　リスニング原稿

※音声は収録しておりません

静岡サレジオ中学校　２０２４年度入学試験　英語　リスニングテスト

ただいまから、英語リスニングテストを行ないます。これからお話しすることについて質問は受けませんので、よく注意して聞いてください。

このテストには、３種類の問題があります。英文は全て二度ずつ読まれます。放送の間メモをとってもかまいません。

では、１つめの問題から始めます。これは、(1)～(4)の短い英文を聞き、それぞれの内容に合う絵を選ぶ問題です。英文は２回流します。解答はそれぞれ下の①～③のうちから一つずつ選び、その番号を書きなさい。解答時間はそれぞれ１０秒です。それでは開始します。

(1) My brother is watching a soccer game.

(2) We have our sports festival in November.

(3) Where does your father work?

—He works at a fire station.

(4) How many classes do you have on Wednesdays?

—I have six classes.

続いて、２つめの問題です。これは、絵を参考にしながら対話文を聞き、そのあとに続く応答として最も適切なものを選ぶ問題です。対話文とそれに続く応答は２回流します。解答はそれぞれ①～③のうちから一つずつ選び、その番号を書きなさい。解答時間はそれぞれ１０秒です。では、始めます。

(5) My sister loves summer.

-- Oh, does she swim?

①No, but she plays tennis.　②No, but she goes skating.　③No, but she goes camping.

(6) Mom, I did all my homework.

—Great. Can you help me with dinner?

①　Oh, really?　②　Me, too.　③　Sure.

(7) Oh, are you OK?

—Well, no. Where is the hospital?

①　Go straight for three blocks.　②　That's right.　③　Turn on the light.

(8) It was very nice.

—Hey! You ate my lunch!

①　Good luck!　②　I'm sorry.　③　See you.

続いて、３つめの問題です。これは、対話文を聞き、その質問に対して最も適切な答えを選ぶ問題です。対話文と質問はそれぞれ２回流します。解答はそれぞれ下の①～④のうちから一つずつ選び、その番号を書きなさい。解答時間はそれぞれ１０秒です。では、始めます。

(9)　girl: Where did you visit on the weekend?

boy:　—I visited the zoo with my family.

Question：What did the boy do on the weekend?

(10)　girl: I have four dogs. They are very cute.

boy: —Wow, that's a lot. I have only one.

Question：How many dogs does the girl have?

(11)　boy: Why are you drawing a woman?

girl:　—This is my mother. It's for Mother's Day.

Question：Who is the woman in the picture?

(12)　boy: What is your brother good at?

girl:　—He is good at music. He plays piano, trumpet and guitar.

Question：What does her brother not play?

以上でリスニングテストは終了です。引き続き、リーディングテストに取り組んでください。最後まで頑張りましょう。

二〇二四年度　入学試験問題解答用紙国語

受験番号

氏名

出身小学

得点

※100点満点
（配点非公表）

一

①
②
③
④
⑤

二

①
②
③
④
⑤

三

①
②
③
④
⑤

四

① A
B
② A
B
③ A
B
④ A
B
⑤ A
B

五

問一 a
b
問二 A
B
問三
問四
態度
問五 最初
〜
最後
問六
問七
問八
問九
問十

六

問一 A
B
C
D
問二
問三
問四
問五
問六
問七
問八 Ⅰ
Ⅱ
問九
問十

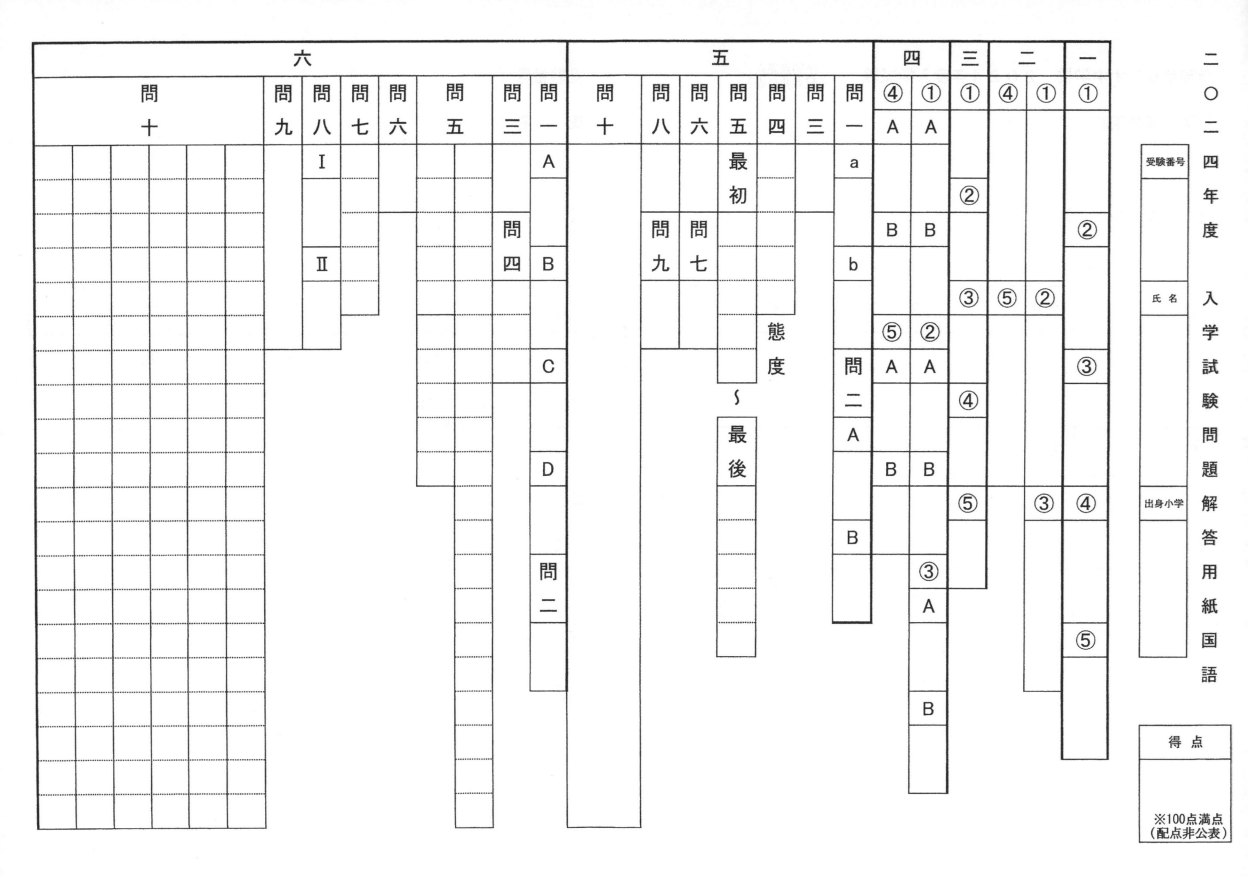

静岡サレジオ中学校　２０２４年度入学試験　※50点満点（配点非公表）

受験番号（　　　　　　）

英語　解答用紙

氏　　名（　　　　　　　　　　）

【　リスニング　】

1

(1)	(2)	(3)	(4)

2

(5)	(6)	(7)	(8)

3

(9)	(10)	(11)	(12)

【　リーディング　】

1

(1)	(2)	(3)	(4)
(5)	(6)	(7)	(8)
(9)	(10)	(11)	(12)

2

(13)	(14)	(15)

3

(16)	(17)	(18)	(19)

2024 年度 静岡サレジオ中学校 入学試験 解答用紙 算数

受験番号		氏名	

※100点満点
（配点非公表）

※ 数字はていねいに、単位が必要な場合は単位をつけて答えなさい。また、（考え方）とあるところは考え方も書きなさい。

1			
①	②	③	④
⑤	⑥	⑦	⑧
⑨	⑩		

2		
①	②	③
④	⑤	

3

(1) （考え方）

答

(2) （考え方）

答

(3) （考え方）

答

解答らんは裏面に続きます

4

(1) (考え方)

㋐

答

(考え方)

㋑

答

(2)

答

(3)

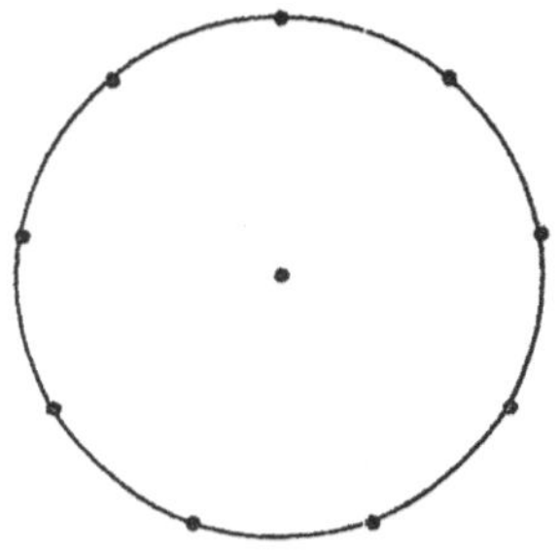

答

5

(1)

(2)

(3) (考え方)

答

0 1 2 3 4 5 6 7 8 9